2020年度教育部人文社会科学研究规划基金项目
项目编号：20YJA890031

剑道
教学与科研

JIANDAO
JIAOXUE
YU
KEYAN

杨敢峰 著

苏州大学出版社
Soochow University Press

图书在版编目(CIP)数据

剑道教学与科研 / 杨敢峰著. --苏州：苏州大学出版社，2023.12
ISBN 978-7-5672-4651-5

Ⅰ.①剑… Ⅱ.①杨… Ⅲ.①剑术(武术)-中国-高等学校-教材 Ⅳ.①G852.24

中国国家版本馆 CIP 数据核字(2024)第 007835 号

剑道教学与科研

杨敢峰　著

责任编辑　管兆宁

苏州大学出版社出版发行
(地址：苏州市十梓街1号　邮编：215006)
镇江文苑制版印刷有限责任公司
(地址：镇江市黄山南路18号润州花园6-1号　邮编：212000)

开本 787 mm×1 092 mm　1/16　印张 12.75　字数 270 千
2023 年 12 月第 1 版　2023 年 12 月第 1 次印刷
ISBN 978-7-5672-4651-5　定价：48.00 元

图书若有印装错误，本社负责调换
苏州大学出版社营销部　电话：0512-67481020
苏州大学出版社网址　http://www.sudapress.com
苏州大学出版社邮箱　sdcbs@ suda.edu.cn

前　言

本书是2020年度教育部人文社会科学研究规划基金项目，是作者多年剑道教学、训练与科研的成果。本书也可作为高等院校体育类教材，适用于体育教育、武术与民族传统体育、运动训练等专业的普修课、选修课的教学，也适用于中小学体育教师及基层运动队教练员学习剑道相关理论和实践知识。

作者依据针对性、实用性、科学性等原则，精选和拓展了相关的教学内容，以及多年积累的研究成果，并配以大量的动作示范图和辅助视频资料，撰写了本书，以帮助读者形象、直观、方便地获取知识，达到易懂、易学、易得的效果。

此外，本书在阐述教学剑道基本知识和基本技能的基础上，增加了剑道运动损伤预防处理与康复的内容，旨在帮助学生在进行理论学习和技术训练的同时，保证剑道运动的安全性，科学地进行教学与训练。

本书中的视频拍摄和技术动作示范由周春晖、许彤、赵和凯、马思恩、刘秀征、杨春平、杨逸雄、韩珞妍、徐洪敏、邱心怡、李松昊、李楠、黄佳蕾、杨华、王淼、刘玥、岳丽霞、潘璐怡、黄艺婷等完成。

我们真诚地希望广大师生和专家对本书提出宝贵意见，以便今后能不断改进和完善。

杨敢峰

2023年11月

目录

第一章 剑道运动概述 ... 1
- 第一节 剑道简史 ... 1
- 第二节 剑道的特性 ... 7
- 第三节 剑道技术构成 ... 9
- 第四节 剑道礼仪 ... 12

第二章 剑道服装和护具 ... 16
- 第一节 剑道服装的穿法和折叠法 ... 16
- 第二节 剑道护具的佩戴和整理 ... 23
- 第三节 竹剑和木刀的规格和要求 ... 26

第三章 剑道基本动作 ... 32
- 第一节 自然体 ... 32
- 第二节 实战姿势和眼法 ... 33
- 第三节 拔剑与收剑 ... 41
- 第四节 步法 ... 47
- 第五节 挥剑动作 ... 49
- 第六节 气合 ... 55
- 第七节 实战距离 ... 56
- 第八节 基本打法、陪练方法及防御方法 ... 57
- 第九节 切返 ... 69
- 第十节 体碰 ... 74

第十一节 对锷 ... 76
第十二节 残心 ... 77

第四章 剑道技能 ... 78
第一节 剑道技能概述 ... 78
第二节 实施性技能 ... 82
第三节 防守反击技能 ... 111

第五章 剑道训练及基本技术 ... 139
第一节 剑道训练 ... 139
第二节 剑道基本技术之九刀十三式 ... 143
第三节 剑道基本技术的运动生物力学特征 ... 158

第六章 剑道运动损伤预防、处理与治疗 ... 161
第一节 剑道运动损伤预防 ... 161
第二节 剑道运动损伤处理与治疗 ... 164

第七章 剑道运动竞赛规则（选编） ... 168
第一节 通则 ... 168
第二节 裁判人员的组成及职责 ... 171
第三节 技法要求、比赛事项、得分标准与判罚 ... 174
第四节 最新剑道暂定比赛办法 ... 178

第八章 剑道科学研究 ... 185
第一节 剑道科学研究的意义及方法 ... 185
第二节 国外剑道研究概述 ... 188
第三节 国内剑道研究概述 ... 192

主要参考文献 ... 196

第一章 剑道运动概述

> **本章提要**

本章对剑道运动的起源与发展、剑道的主要特性及剑道技术构成进行了阐述,另外还介绍了剑道礼仪。通过本章的学习,学生能够了解剑道的一般知识、技术构成,掌握剑道相关专业概念。

剑道源起于中国,发扬于日本。隋唐时期,中国刀法流传至日本,日本以传统的刀法、剑术,融合了中国武术,并随时代演变,最终形成现代所称的"剑道"。

现代剑道是一项以修养身心、锻炼意志为习练目标,以培养终身体育思想、推广文化普及为发展目标的体育项目。

第一节 剑道简史

日本剑道是日本武道主要分支之一,也是日本文化中非常有特色的组成部分。在日本,剑道最早被称为"剑术",但是与我们现在所称的"日本剑道"与"日本剑术"是有一定区别的。"剑术"一词是指古代战斗中,日本武士使用日本刀的格斗技,目的是杀死对手;而现在我们所指的日本剑道则是使用木刀或竹剑进行竞技的一种体育运动项目。

一、日本剑术

(一) 日本剑术的起源

1. 公元前3世纪至公元3世纪 (弥生时代)

公元前3世纪到公元前1世纪左右，日本人主要使用磨制的石器；公元前1世纪到公元1世纪，日本人主要使用青铜器，铜剑、铜戈开始用于战争，为了适用于战争，狩猎用的弓箭也进行了革新和改造。公元2世纪左右，铁矿的发现和铁器的产生使石器慢慢消失，铜剑、矛戈等青铜器被作为祭祀的祭器使用，锹、锄头等农具及刀、手斧等铁器工具开始被使用。对铁资源的争夺导致了广阔的政治联合，阶级矛盾的发展使得大规模的战争爆发，中国的大刀被引入日本，对战争产生了极大的影响。在近距离作战的情况下，对抗氛围和作战结果具有鲜明的英雄主义色彩，在这种舍己奉公的英雄主义观下，近距离作战的武器成为首长的随葬品，而刀剑则被视为神圣的物品。

2. 公元3世纪至公元6世纪 (弥生时代到古坟时代)

这段时期铁器已经在日本普及，主要的作战武器枪 (冷兵器) 被大刀所取代，大刀的数量激增，占据了作战武器的主导地位。大刀、弓、战甲等作战工具具有特殊的象征意义，成为阶层的身份象征。645年，日本"大化改新"运用中国唐朝的律令制度，建立了以天皇为中心的中央集权制国家。645—794年，为了防止外敌入侵，日本在各地设立军团，军事武艺得到发展，为日本刀的发展奠定了基础。

3. 794—1192年 (平安时代)

日本贵族阶级为了进一步扩大私有土地面积，开始招募武士团体，在这种环境下内乱增多，武器被改造得更加精良，对武器的革新与发展产生深远影响，其中适合骑手斩杀的刀渐渐演变为日本刀而流传至今。

日本剑术起源于战争，也在战争中被运用到了极致。日本剑术发展离不开武士阶级这个载体，更离不开战争的深刻影响。平安时代末期的"承平、天庆之乱"使武士阶级兴起，刀剑技术进一步发展。在武士的特殊训练中，自觉遵守一对一作战的方式，这种体现武士荣誉感的思维方式流传至今。

4. 1336—1573年 (室町时代)

这段时期也是武装暴乱的时代。日本南北朝战争后，步兵的运用决定了战争的胜负，适用于骑射的单手使用的细身太刀，在这一时期转变为适用于步兵使用的以斩击为主的长而重的大太刀，大太刀用于战场作战和武者修行。掌权者招揽优秀武者，而武者获得名誉传承剑术流派等现象一时间成为风潮，进一步推动了剑术的发展。1588年 (天正十六年)，政府废除"刀狩令"，兵农分离，剑作为祭器以艺能的方式在民间传承下来。剑术在前人的基础上进一步发展，达到了新高度。

5. 1711—1764 年（正德年间至宝历年间）

这个阶段日本剑术空前发展。剑术作为杀伐的实战性技法被藏匿起来，留存下来的是尊重形式、华而不实的风格。直心影流的长沼四郎左卫门一刀流的中西忠藏分别对头部、腕部、腹部等剑道护具和竹剑进行了设计，"形"的修炼和竹剑打击"稽古"（练习和重复练习）从而登上历史舞台。

6. 1804—1844 年（文化年间到天保年间）

这段时期的日本剑术有柳刚流、马庭念流、甲源一刀流、天然理心流、北辰一刀流、神道无念流、镜新明智流等流派，新兴流派积极地和其他流派进行比赛来壮大自己的流派，在这其中，北辰一刀流发展迅速，对现在的剑道影响很大。

（二）日本剑术的发展

综上所述，日本剑术的起源与发展始终离不开武士作为载体，日本武士阶级的兴起标志着剑术的发展。战争促进了日本古代剑术的诞生，土地资源的争夺、贵族阶级的斗争是引发战争的原因，在战争中使用的武器也在不断地改良和革新，其主要包括两个方面。

1. 作战武器形态上的变化

早期作战的武器主要以弓箭为主、以刀为辅，在近距离作战中可以达到自保自卫的目的，因此刀的形状大，但制作工艺一般。而后，随着土地资源争夺的加剧、武士团体的出现，以及舍己奉公的英雄主义氛围的涌现，日本武士阶级全面兴起，武器更加精良，其中适用于骑术斩杀的刀渐渐演变为日本刀，这种刀适用于集团骑射作战，刀身细而轻，制作工艺精良。日本武装暴乱时期，骑射时单手使用的细身太刀转变为步兵使用的长而重的太刀，太刀制作精良，杀伤力强。当战乱平息时，为了武士的日常训练，出现了现代日本剑道的护具与竹剑，更多的是为了练习所用，没有杀伤力。

2. 战争促进日本剑术技术不断进步

战争时期的剑术以杀伤性的实战技术"劈、刺"为主，而和平时期，剑术以训练性的技术"打击"和"刺击"为主，几乎没有杀伤性。初期作为作战武器的大刀多以"砍、劈"为主要击杀技术，由于制作工艺一般仅适用于近距离的混战，所以造成的杀伤性小。而后改良成适用于骑射的细身太刀，单手握刀的方法导致刀变得轻便，使用方法多采用"砍、劈、撩"等技法。后来逐渐变化成适用于步兵使用的长而重的太刀，受刀的形状的影响，使用时双手持刀，以"砍、劈、斩、刺"等技术为主，技术方法多样，这为以后剑术流派的林立提供了技术要素上的支持。战事的平息使刀剑暂无用武之地，作为杀伐的实战性斩杀技法被隐藏起来，以尊重为主的剑术风格流行开来，流派林立。系统的"形"的修炼出现了，竹剑成为武器的主要形式，打击方法繁多，

"打击"和"刺击"作为主要技法，技术体系也逐渐趋于完善，这其中体现了日本早期的体育思想观念。

从上述发展过程不难看出，为顺应战争的需要，刀剑的形态进行了改变，刀剑的制作工艺不断提高，制作水平更加精良。为了适应刀剑的变革，采用哪种合适的技术技法作战成为重中之重，在这种情况下，剑术作为实战的杀伐技术逐渐完善，并形成体系，为后世剑道的发展奠定了基础。

二、日本剑道

（一）日本剑术的转型

明治新政时期的藩校废止造成了日本剑术的衰退，"废刀令"的颁布使剑客和道场主无法维持生计。在这样的背景下，直心影流的代表幕府讲武所教官榊原键吉提出了剑术公演提案，并于1873年，在浅草搭建的棚子内进行击剑公演。公演内容主要包括剑术比赛，为了吸引更多的关注，当时的公演采用了曲艺的形式，使整个活动如同杂耍一般，丧失了剑术的本质特性，人气尽失。

嘉纳治五郎在1882年（明治十五年）提出"通过摔、压的技术动作来锻炼身心"，并融合柔道技术开设了柔道讲道馆。柔道的这种转型也深刻地影响了剑术界，促使剑术流派进行统一，为教育剑道开辟了绿色通道。1895年（明治二十八年），国家武道团体，即日本武德会在京都成立，协会副会长西久保弘道认为：正如讲道馆出身的练习者所说自己所学的技术名为柔道，"剑道"应与"柔道"相符，不能说"击剑"或"剑术"，"剑道"才是正确的称谓。这样以杀伐为目的的剑术被取消了，"通过技术锻炼身心"的教育剑道、体育剑道开始萌芽。

剑道是一种对练运动，在拥有对手的基础上反复地练习，进而形成了尊敬对手、感谢对手的理念，贯穿于运动过程，所以礼的要求就产生了。练习剑道的目的转型为通过技术的修炼培养优秀的社会人，由此，剑术的名称便演变为"剑道"。

从剑术到剑道的转变，其练习的主要目的发生了质的变化，剑术是杀伐的技术，而剑道则作为锻炼身心的体育项目被推广。从大正后期颁布的一系列文件可以看出，剑道主要以竞技体育式的"打击"技术为主，教育性质明显。剑术转变为剑道之后，作为竞技体育的、教育目的的剑道立于日本改革发展的大潮流之中。

（二）近代日本剑道的发展

按时间段划分，剑道技术的发展从1868年明治维新后到1937年，主要分为两个阶段。

1. 第一阶段（明治维新后至 1931 年）

剑道在明治维新后经历了衰退，在而后 1877 年（明治十年）的西南战争中，剑道重回人们的视野。1895 年后日本武德会成立，剑道得到复兴和普及。1880 年（明治十三年）后，日本体育界建议把武术作为正规课程编入学校教育。经过了多次的酝酿，1911 年（明治四十四年），日本文部省对《中学校令实施规则》中的一部分内容进行修改，添加击剑及柔术，虽然允许这两个项目被编入正课，但不属于义务教育的内容。1912 年，日本武德会制定了通用的"形"，即创编了《日本剑道形》，剑道在学校教育标准化问题上有了新的突破。

日本大学和高等专科学校的课外活动从 1877 年开始实施，1897 年以后，日本各学校均有丰富多彩的剑道活动。

1928 年，全日本剑道联盟成立，举办了第一届全日本大学、高专剑道大会。在这期间，各大学和高专作为主办方举办的中等学校剑道大会在全国各地兴盛起来。1929 年、1934 年、1940 年举行了 3 次天览武道大会，从此全日本练习剑道的人数飞速增长。

日本文部省在 1931 年（昭和六年）将剑道定为中等学校必修课，1936 年（昭和十一年）初次制定中等学校的《剑道教授要目》，每学年的教授内容被明确。1936 年 3 月，国民学校令中"体操科"改为"体锻科"，国民学校五年级以上的男生必须接受剑道、柔道的课程。在政府的高度重视下，日本武德会的地位得以彰显。这个阶段的剑道完全趋向竞技体育化发展，其目的是了解剑道术理、培养坚强的意志品质。在这期间，剑道的发展符合竞技体育的所有特点，具有一套系统的竞技规则和判罚标准，技术练习的安全性提高，符合竞技体育精神的基本准则。

1931 年前，剑道的教育趋向礼仪化、竞技体育化，其技法主要以打击为主，特别体现在武道专科校的课程中，大运动量和丰富的打击技法符合竞技体育的发展方式，在这期间，剑道改为以"锻炼身心"为目的的竞技体育项目，被推广和普及。总而言之，此阶段的剑道是教育之剑道、竞技体育之剑道。

2. 第二阶段（1931—1937 年）

1931 年，日本对中学武道项目进行修改，将武道提升到日本传统文化的高度，师范学校、中等学校、中学的男子必须学习剑道和柔道。

1936 年，日本在学校体操教学纲要中规定剑道和柔道是师范学校、中等学校及职业学校的必修课，在全民练习剑道的基础上，重点掌握剑道技术。

1937 年，政府颁布的一系列文件体现了昭和初期剑道转变为"打击"的实战技术，完全淡化礼节。

1942 年，日本政府颁布的《国民学校体炼科教授要目》中明确规定日本公立学校体炼科必修项目包括 4 个方面，即基本、身体运用方法、持刀姿势及需重复练习的内容。这4个方面围绕斩刺技术进行教授，实战运用性强，文件特别强调斩刺技术的重复练习。

1943年，日本政府颁布的剑道鉴定种目，共有初级、中级和高级三种。这三种鉴定等级的内容惊人地相似，都以身体不同部位的斩刺技术为主，考核内容几乎一样。这个时期，剑道发生了异化，虽仍称为"剑道"，却不以锻炼身心为目的，而是被日本军国主义所利用，并为其服务。

（三）现代日本剑道的发展（1945年至今）

1945年（昭和二十年），日本学校被禁止开设武道项目，"武道"这一名称也随后被禁用，各种团体的剑道活动受限制。根据日本内务省令指定解散各团体及对相关人员追加处分，并对武道中的剑道活动限制得非常严格。在这种状态下，日本各地仍然保存了剑道的命脉，此时的剑道发展非常困难，一度进入冰冻期。

1952年10月14日，全日本剑道联盟成立，剑道的发展开始了新的探索阶段。

1950年（昭和二十五年），竹剑竞技以类似竞技体育剑道的方式被设计出来，全日本竹剑竞技联盟也成立。

1953年5月1日，剑道成为社会体育的一部分。在各种制度得到完善后，日本剑道得以再次兴起。全日本剑道联盟于1953年（昭和二十八年）举办了全日本剑道联盟京都大会（现全日本剑道演武大会）、全日本都道府县优胜大会、全日本剑道选手权大会，通过这些大会的成功举办，剑道的普及、奖励等方案逐渐成熟。同年，日本高中、大学的课外活动中有了剑道课，警察剑道也逐渐恢复。

1955年（昭和三十年），全日本剑道联盟加入日本体育协会，同年秋，在日本第十次国民体育大会中，剑道成为正式比赛项目。

1958年，日本体育协会将剑道等项目变成了锻炼身心的普通竞技体育项目，这个时期的日本体育教育，转变为"民主"的体育，趋向美国式的学校体育。日本各地赛事的举办，使战时具有杀伤性的异化剑道转变为以运用技术打击有效得分部位为主的竞技体育剑道，剑道技术为比赛服务，剑道技术具有竞技性和系统性。

1970年，国际剑道联盟成立，每三年举办一届剑道世界杯赛，目前为止举办了17届。

从历史的角度看剑道技术在不同阶段的发展，特殊时期的日本剑道教育是为军国主义培养军队的手段，因而第二次世界大战后社会剑道活动和学校武道教育被禁止。为了"复活"剑道，日本剑道界舍去了武道传统文化的本质，更强调体育性，学校设计的剑道教育与其他的竞技体育项目一样是为了使学生的身心得到健全的发展，是一种单纯的竞技体育项目。剑道教育是站在"体育本质"的基础上，强调剑道是属于普通格斗的竞技体育项目。这样，异化的剑道经过战争后再次转变为教育之剑道、竞技体育之剑道，具有了竞技体育的属性。

第二节　剑道的特性

剑道有三种特性：竞技特性、运动特性和心理特性。

一、剑道的竞技特性

（一）人与用具的独特性

剑道原则上是作为一对一的人际竞技而设立的。剑道比赛中使用独特的用具可以说是剑道的一种特性，如剑道服、剑道护具、竹剑、木刀等。

（二）追求有效打击的高质量性

比赛是通过双方相互寻求有效打击而进行的。这种有效打击不是偶然"击中"的，必须是有意识的、必然的"打击"。能打出漂亮出色的"一本"是剑道人的梦想，也是具体的目标。不论男女老幼，都要根据个人的能力来打出最好的一本。从笨拙的初级水平的一本到精彩的高水平的一本，剑道人不断追求更高级的一本，以体现追求终身学习的价值。

（三）不受性别、年龄限制的自由性

剑道是一项即使在高龄时也能参与的运动。它不仅令人愉快，而且还有继续提高的空间。与其他运动相比，很少有运动像剑道一样可以在年轻人和老年人、男人和女人之间遵守相同规则下进行持续对抗。剑道可以用技术和心法来弥补身体力量的不足，这可能也是剑道最突出的特性。

（四）动静兼具的格斗性

以相互争斗的形式进行锻炼，有时会使本能的争斗欲望浮现出来。然而，剑道在练习或比赛时必须有理有节，必须保持相互尊重的态度，这充分体现了这项运动动静兼具的内涵。

（五）比赛和训练的一致性

作为一项竞技运动，比赛是十分重要的，然而，赢得比赛并不是最终目标。参与比赛并获胜只是剑道训练中达到目的的一种手段，这并不意味着如果不再有比赛，剑道就失去了存在的意义。在练习中同样能体现剑道运动的内涵和精髓。

二、剑道的运动特性

剑道有许多运动特征，有些是剑道独有的，有些则是与其他运动所共有的。不管怎样，指导者应深刻认识到剑道运动对练习者的身心健康是有益的。

（一）姿势和打击的完整性

有些姿态是剑道所特有的，构成这些姿态的基础姿势是剑道的一个重要元素。据说这也是一种非常健康的姿态。此外，伴随着站姿的打击动作是一个美妙的动作，从指尖开始一直延伸到整个身体。追求理想的姿势和打击动作，不断进行修炼，剑道能产生维持和增进学习者身心健康的巨大力量。

（二）身体的敏捷性和灵巧性

长期的剑道练习可以使身体的敏捷性和灵巧性得到一定程度的提高，这种敏捷性和灵巧性也是完成高难度技术动作的基础。

（三）肌肉力量的独特性

剑道是一项既需要爆发力又需要耐力的运动，通过训练来提高爆发力和耐力，可以全面提高练习者肌肉的整体水平。

三、剑道的心理特性

剑道的许多运动特征是与其他学科所共有的。然而，与其他学科相比，其对心理的磨炼和考验更为明显。剑道高度重视心理和身体的同步发展，正如"文修武练""身心如一"等短语所表述的那样。

（一）培养积极性和自主性

如果没有积极性，剑道就无法存在。从极端消极的场面来考量就会明白，剑道的"进攻"或者"先攻后打"是剑道的一大要素，如果没有积极性，剑道就无法完成竞技。剑道无论是在比赛中或在日常训练时，都采用与人对抗的形式；无论在什么情况下，都必须自己思考决断，选择并实施自己的行动。因此，自主性也是其基本特性。培养积极性、自主性是剑道的又一大特性。

（二）培养协同性

在剑道练习和比赛中，应时刻观察对手的精神和状态，与自己的情况做比较，思考如何应对，并在瞬间得出结论，然后付诸行动。在这个过程中，专注力、注意力、判断力一起发挥作用，各种能力的协同发挥，行动才能得以顺利进行。因此，毫不夸张地说，剑道可以培养人神经系统的协同性。

（三）培养公正性和协调性

通过剑道练习和比赛，练习者可以学习做人的行为规范，也可以提高辨别真善美的能力。剑道是一项需要两人对抗才能提高能力的运动项目，在个人修炼的基础上，通过两人对抗练习时互相配合、互相尊重，实现共同进步，培养协调合作能力。

（四）培养礼仪传统性

剑道有"始于礼，止于礼"的说法，但要真正做到很难。剑道采取对抗的形式，容易出现不理智的行为。因此在比赛和练习时，我们必须保持理性，努力超越本能。对待对手，要以礼相待、互相尊重。必须把遵守礼仪作为一种传统保续下去，礼仪一旦缺失，剑道就无法存续。但过于强调礼仪也会变得死板，剑道的发展也有可能被延误，所以要均衡考虑、适度保持，在愉快地练习剑道的同时养成遵守礼仪的习惯。

第三节　剑道技术构成

剑道项目需佩戴护具并使用竹剑或竹刀，根据对手的动作互相攻防，通过有效地打击对手的得分部位来决出胜负。

剑道应以多变的攻防技能为核心来进行指导。对于年幼的练习者和初学者，其教习技术的重点是学习正确的基本动作，"促进技术进步""促进人的成长"是剑道练习者的目标。当然，剑道教学不仅仅止于形式上基本动作的学习，也要注重剑道实战技能的培养，促进剑道练习者对抗技能的提升和发展，提高剑道对抗的竞技性。

因此，剑道教学中，注重剑道基本动作的学习是教学的重中之重。从运动学的角度出发，需要通过了解和学习剑道技术的组织构成，来加深对剑道实战的认知和理解。

一、什么是有效打击

裁判法规定，有效打击是指"以充实的气势和适当的姿态，用竹剑的正确部位击中对方的打击部位，并保持残心"，有效打击被判为得一分，要实现有效打击要做到"气、剑、体"一致。

有效打击内容的评价是最重要的，它左右着未来剑道的发展方向。为推动剑道发展，需正确理解有效打击的质量内容，实现"气、剑、体"一致，并追求更好的发展。因此，剑道裁判法的制定秉承着规范化、标准化的原则，明确规定其打击的有效部位和打击的有效程度。

在剑道对抗中，两人的攻防是剑道练习或比赛的根本，而有效打击是剑道决胜的最终目的，决定有效打击是否完成是以个人练习的基本动作为主要判断依据的。

二、有效打击的技术要素

从运动学角度来分析剑道的打击动作，主要体现为"姿势"→"进攻"→"打击"→"残心"的动作过程。根据动作过程来判定这一系列动作是否满足有效打击的条件。有效打击的技术要素主要包括以下几个方面。

（一）姿势

所谓姿势，一般定义为"为了应对状况而调整姿势和态度的状态"。目前剑道中普遍使用的姿势包括中段姿势和上段姿势，也是剑道对抗中最具典型意义的代表姿势。

"姿势"规定剑道对抗的动作内容。换言之，剑道姿势的表现特征影响剑道打击动作，因此在剑道练习过程中，需要着重强调剑道姿势的保持，并且应加强剑道姿势的研究工作。

（二）进攻

剑道对抗是两人互相进行攻防转换，其目的是得分。因此，在对抗练习中，如何巧妙地打击到对手的得分部位是剑道练习中重要的一环，也就是说，掌握剑道实战的技能，"进攻"是得分中最基础的部分，也是极其重要的部分之一。

1. 进攻的意义

剑道对抗中，进攻主要包括两个方面：破坏对方的心理和身体的防御阵线，使其露出空隙，在这样的情况下，发挥自身技术特长并得分，从而取得胜利。剑道对抗中需要充分理解"攻击是最大的防御"这句话的意义。

2. 进攻的方法

进攻的方法主要包括三种,称为"三杀法"。

(1) 气势:在挟制对手攻势、除掉对方的锋芒时,气势会随之高涨,在一定程度上能够压倒对方的气势。所谓气是指旺盛的斗争心、不屈不挠的精神,以及想要打击对方的强烈意志。

(2) 架势:迫使对方的剑尖发生偏移,破坏对方的防御阵线,抓住对方漏洞发生进攻。

(3) 技能:先发制人地进攻,不给对方施展技能的余地。

(三) 打击

为了打到对手的得分部位,需要在移动身体的同时做出打击动作。"打击"需要竹剑进攻和腿部移动同时进行,需要上肢和下肢具有一定的协调性,这种协调地击中目标的过程被称为打击动作。

1. 上肢打击

为了正确地保持竹剑姿势,合理地、有力地、快速地打击,需要活用"杠杆原理"。一般来说,在练习过程中主要有以下两种杠杆原理的使用方法。

第一种杠杆原理的使用方法如图 1.3.1 所示。这种方法可以加快竹剑前端部的速度,呈现出凌厉的打击效果。在剑道比赛中,常见于腕部的打击练习。其易错点是:以右手为中心,左手位移幅度过大而导致力量变弱,从而出现技术变形。

第二种杠杆原理的使用方法如图 1.3.2 所示。以左手为中心,用小臂的力量产生较大的力。这种方法适合于力量较弱的练习者使用,达到不是"用力打"而是"用力挥动"的效果。通过这样的动作,就能打出很强的一击。

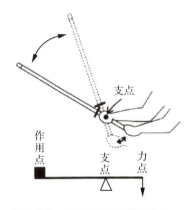

图 1.3.1　杠杆原理的使用方法 1

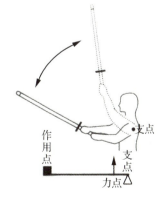

图 1.3.2　杠杆原理的使用方法 2

综合运用上述方法，可以使打击动作更大、更柔和。

掌心动作要领：不要用力握紧竹剑，正确地保持竹剑位置，放松手腕，力量传导方向为肩→肘→腕→手，从而有效地快速打击。

2. 下肢移动

剑道是面对远距离的对手，移到一步一刀的距离，最后踏出一步来移动打击。正确的姿势是保证最后打击时能够自由地移动并稳定姿势的基础，快速地踏出一步是很重要的。

（1）踏步动作。

所谓踏步动作，是指为了将身体的重心前移，拖后的左脚瞬间向后、向下蹬地，使身体向前移动；移动时，右脚要迅速踏步，使身体向前移动。左小腿的适度紧张及重心位置的调控是需要通过长久练习才能提升的；左脚要能做到有效蹬地，使身体稳定向前移动，这是踏步动作的重点之一。

（2）动作要领。

如果左脚是蹬地脚，那么右脚就是踏步脚。踏步动作在剑道比赛中具有特殊意义。右脚踩踏动作的意义在于决定打击的方向，缩小与对手的距离，促使身体姿势保持稳定，并使打击动作完成后恢复原状。之后，左脚快速跟上，推动身体向前移动，完成打击动作。蹬踏和打击时机的一致是很重要的，也是评价是否掌握基本打击动作的标准。

另外，踏步脚的力量要达到体重的2~3倍，如果踏步一系列动作完成不理想，可能会导致右脚脚后跟受伤。

（四）残心

残心是指在打击对手之后不能大意，不能放松姿势与斗志，要做好随时应对对手反击的心理准备和姿势。

第四节　剑道礼仪

剑道是一种两人通过竹剑进行打击的格斗技，稍有不慎就容易使人唤起原始的争斗本能。因此剑道要求"以礼始，以礼终"，特别重视礼仪并要求严格执行。礼仪的意义在于通过礼仪更好地驾驭这种本能。

人的内心思想是可以通过外在行为表现出来的，要尊重对方的人格，对内要发自内心地表示感谢，对外要端正姿态、注重礼节，这是相互的。这对于形成良好的剑道礼仪是非常重要的。

一、立礼

以站着的姿势行礼叫作立礼，也就是站着鞠躬。

（一）行礼方法

（1）注视对方，然后自然地低下头。
（2）低头后稍事停留（呼吸一次左右），然后安静地恢复原来的姿势。
（3）向国旗、老师、指导者行立礼时，上体前倾约30°（图1.4.1）。
（4）站立间的立礼（比赛或练习时相互行礼）需上体前倾约15°（图1.4.2）并注视对方的眼睛。

图1.4.1 立礼1（前倾约30°）

图1.4.2 立礼2（前倾约15°）

（二）行礼注意事项

（1）不要刻意弯曲脖子或屈膝。
（2）双手自然下垂贴于体侧。

二、跪坐礼

两膝着地，臀部压在自己的双脚上的姿势叫作跪坐。以跪坐的姿势行礼叫作跪坐礼，也就是跪着行礼。

1. 跪坐方法

（1）双手自然贴于大腿，左脚后退半步，先从左膝触地，迎面骨自然贴在地板上。

（2）上半身自然挺直，脚背并拢贴在地板上。

（3）两脚拇指重叠或分开，臀部自然坐在脚踝处。

（4）背部挺直，双手放在大腿上。

（5）两膝之间保持一拳或两拳距离。

（6）嘴巴自然闭拢，眼睛目视前方。

跪坐姿势如图 1.4.3 至图 1.4.5 所示。

图 1.4.3　跪坐姿势 1　　　图 1.4.4　跪坐姿势 2　　　图 1.4.5　跪坐姿势 3

2. 跪坐注意事项

（1）保持背部挺直。

（2）放松肩膀，保持头部中正。

（3）站立或坐下时不要用手扶着地板。

（4）坐时先从左脚坐，站时先从右脚站，这是基本的礼节，又称左坐右起的做法。

3. 行礼方法

（1）以跪坐的姿势目视国旗或老师。

（2）上身向前倾斜，双手同时放到地板上，双手拇指与食指相对，头部自然低下。

（3）保持该姿势片刻（呼吸一次左右），然后安静地恢复原来的姿势（跪坐），同时注视对方。

跪坐礼的姿势如图 1.4.6 所示，行跪坐礼的眼线位置如图 1.4.7 所示。

 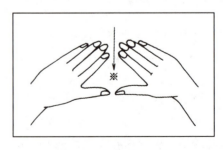

图 1.4.6　跪坐礼　　　　　　　　　图 1.4.7　眼线的位置

4. 行礼注意事项

（1）上身前倾时不要刻意弯下头或驼背。

（2）双手同时平放于地板，同时离开地板。

（3）手掌如图 1.4.7 所示位置放置较好，行礼时鼻尖朝向图中※的位置。

复习思考题

1. 简述剑道运动的起源与发展历程。
2. 简述剑道的特性。
3. 简述基本打击的技术要素。
4. 简述立礼的方法。
5. 简述跪坐礼的方法。

第二章 剑道服装和护具

> **本章提要**

本章对剑道的服装和护具进行介绍。第一节介绍了剑道服装的穿法和折叠法。第二节介绍了剑道护具的佩戴和整理,包括佩戴的顺序、护具捆扎和收纳的方法。第三节介绍了竹剑和木刀的规格与要求。本章在讲述剑道服装和护具穿戴、整理时配备了图片,方便学生在学习时能够详细、系统地了解剑道服装和护具穿戴、整理的步骤及要点。

第一节 剑道服装的穿法和折叠法

一、剑道服装的穿法

(一)剑道衣

剑道衣如图 2.1.1 所示。

图 2.1.1　剑道衣

1. 剑道衣穿法

穿上剑道衣后,先将下方左绳系好,再将胸前绳系紧。

2. 注意事项

(1) 前襟要适当压紧,防止松开。

(2) 向下拉动下摆部分,避免背部松垮。

(3) 穿好后整理衣领,保持舒适。

(二) 剑道裤

剑道裤如图 2.1.2、图 2.1.3 所示。

图 2.1.2　剑道裤(正面)

图 2.1.3　剑道裤(背面)

1. 剑道裤穿法(图 2.1.4 至图 2.1.9)

(1) 左右脚依次穿上剑道裤。

(2) 剑道裤下摆的部分要遮住脚踝。

(3) 将剑道裤的前部放在下腹部,前腰带绕至 2 圈,并在腰后系紧蝴蝶结。

(4) 将护腰板后的小白板插入蝴蝶结里,把护腰板贴在腰部,用后腰带向前绕转至身前交叉。

(5) 将左后腰带从前腰带上方往下腹部穿出。

（6）腰带于右后腰打结。

图 2.1.4　剑道裤穿法步骤 1

图 2.1.5　剑道裤穿法步骤 2

图 2.1.6　剑道裤穿法步骤 3

图 2.1.7　剑道裤穿法步骤 4

图 2.1.8　剑道裤穿法步骤 5

图 2.1.9　剑道裤穿法步骤 6

2. 注意事项

（1）剑道衣裤穿好后，从剑道裤的两侧开口处将手伸进剑道裤，把剑道衣往下拉直，避免在背部和腰部形成额外的隆起。

（2）剑道裤的前下摆应比后下摆略长。

（3）把剑道裤的皱褶拉平。

↪ 二、剑道服装的折叠法

（一）剑道衣的折叠法

（1）将剑道衣平整展开（图 2.1.10）。

图 2.1.10　剑道衣折叠法步骤 1

（2）从腋下位置折叠，并反折衣袖（图 2.1.11、图 2.1.12）。

图 2.1.11　剑道衣折叠法步骤 2　　**图 2.1.12　剑道衣折叠法步骤 3**

（3）另一侧的折叠方法同上（图 2.1.13、图 2.1.14）。

图 2.1.13　剑道衣折叠法步骤 4　　**图 2.1.14　剑道衣折叠法步骤 5**

（4）从下摆开始把衣服纵向折成三折（图 2.1.15）。

图 2.1.15 剑道衣折叠法步骤 6

（5）折叠完毕（图 2.1.16）。

图 2.1.16 剑道衣折叠法步骤 7

（二）剑道裤的折叠法

（1）将剑道裤反面平铺，按照裤缝痕迹整理对齐（图 2.1.17）。

图 2.1.17 剑道裤折叠法步骤 1

（2）将剑道裤翻向正面，按照五条褶线的痕迹整理平整，并将两侧向内折叠

（图2.1.18）。

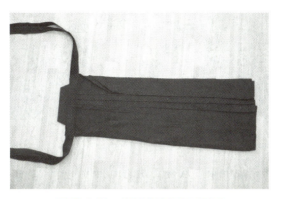

图2.1.18　剑道裤折叠法步骤2

（3）将剑道裤折为三折，成约为正方形的形状（图2.1.19）。

图2.1.19　剑道裤折叠法步骤3

（4）保持正方形的形状，将腰带整理平整（图2.1.20）。

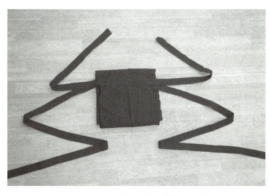

图2.1.20　剑道裤折叠法步骤4

（5）将较长的前腰带按等长截断，呈交叉状（图2.1.21、图2.1.22）。

图 2.1.21　剑道裤折叠法步骤 5

图 2.1.22　剑道裤折叠法步骤 6

（6）把较短的后腰带由上至下从交叉状的前腰带后穿入，并整理妥当（图 2.1.23 至图 2.1.27）。

图 2.1.23　剑道裤折叠法步骤 7

图 2.1.24　剑道裤折叠法步骤 8

图 2.1.25　剑道裤折叠法步骤 9

图 2.1.26　剑道裤折叠法步骤 10

图 2.1.27　剑道裤折叠法步骤 11

第二节 剑道护具的佩戴和整理

剑道护具如图 2.2.1 至图 2.2.4 所示。

图 2.2.1　头部护具

图 2.2.2　裆部护具

图 2.2.3　手腕部护具

图 2.2.4　躯干部护具

 一、剑道护具的佩戴

1. 佩戴顺序

穿好剑道服后，佩戴剑道护具的顺序是：裆部护具（图 2.2.5）、躯干部护具（图 2.2.6 至图 2.2.9）、头巾（图 2.2.10 至图 2.2.12）、头部护具（图 2.2.13 至图 2.2.14）、手腕部护具（图 2.2.15 至图 2.2.16）。

  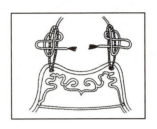

图 2.2.5　裆部护具　　　　图 2.2.6　躯干部护具 1　　　图 2.2.7　躯干部护具 2

 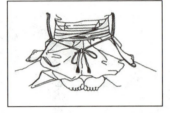 

图 2.2.8　躯干部护具 3　　　图 2.2.9　躯干部护具 4　　　图 2.2.10　头巾 1

图 2.2.11　头巾 2　　　　　图 2.2.12　头巾 3　　　　　图 2.2.13　头部护具 1

图 2.2.14　头部护具 2　　　图 2.2.15　手腕部护具 1　　　图 2.2.16　手腕部护具 2

2. 注意事项

（1）裆部护具：裆部护具的两绳在中间大垂下打蝴蝶结，要充分系紧，隐藏在裆部护具内。

（2）躯干部护具：躯干部护具的护胸部位要与胸骨在同一高度，上端绳在背后呈交叉状，与躯干部护具上的皮纽固定，下端绳在背后系紧蝴蝶结。

（3）头巾：戴头部护具前，先戴好头巾，头巾要整理好，不要脱落。

（4）头部护具：左手托住护具，右手抓住护具后的交叉部位，先进下巴再进头，将头部护具的绳子交叉至脑后（需彼此平行并粘连）系紧蝴蝶结，且长度一致。头部护具绳安装在第四或第五格的皮纽上，呈交叉状从头部护具的顶格穿过。如图 2.2.17、图 2.2.18 所示。

（5）手腕部护具：按照先左后右顺序，适当地收紧护具绳，不要收得太紧。

图 2.2.17　头部护具绳安装方法 1

图 2.2.18　头部护具绳安装方法 2

二、剑道护具的整理

跪坐后卸下护具的顺序：手腕部护具（按照从右到左的顺序）、头部护具、头巾、躯干部护具、裆部护具。

在护具的捆扎和收纳上，要以爱惜护具的态度进行，注意不要损坏。尤其要保持面和小手的干燥，卸下后将它们捆扎并收起。具体捆扎的方法如图 2.2.19 至图 2.2.21 所示。

图 2.2.19　挂在墙上时的捆扎法

图 2.2.20　收纳在架子时的捆扎法

图 2.2.21　装在护具袋中时的捆扎法

第三节 竹剑和木刀的规格和要求

竹剑和木刀各有各的用途。竹剑是在练习和实战时使用,木刀只在练型时使用。原因很简单,竹剑弹性好,穿着护具的话,即使打得很重也不会受伤。而木刀的形态更接近真刀,威力太大,在实战和练习时是不能使用的。

一、竹剑

(一)竹剑各部分的名称(图2.3.1)

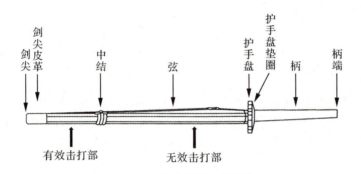

图2.3.1 竹剑各部分的名称

(二)竹剑的长度

竹剑的长度一般为3尺9寸、3尺8寸、3尺7寸、3尺6寸,如图2.3.2所示。
注:1尺≈10寸≈33.33cm。

图2.3.2 竹剑的长度示意

(三)竹剑的标准

竹剑的长度是包括剑柄在内的全长,重量不包括护手盘,厚度是尖端部分的最小直径。锷应为圆形的皮革或化学制品，其直径为 9cm 或更小，安装在竹剑上。竹剑的标准如表 2.3.1 所示，剑尖部最小直径值的测量方法如图 2.3.3 所示。

表 2.3.1 竹剑的标准

	性别	初中学生	高中学生	大学生和成人
长度	男女通用	114cm 以下	117cm 以下	120cm 以下
重量	男性	440g 以上	480g 以上	510g 以上
	女性	400g 以上	420g 以上	440g 以上
粗细	男性	25mm 以上	26mm 以上	26mm 以上
	女性	24mm 以上	25mm 以上	25mm 以上

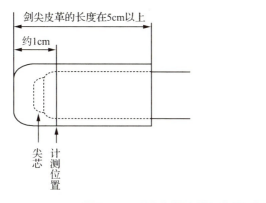
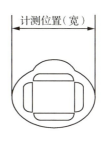

图 2.3.3 剑尖部最小直径值的测量方法

（四）竹剑的保养和安全确认

剑道虽然是激烈的对抗比赛，但安全系数较高，对竹剑的使用标准较为严格。

1. 不应使用的竹剑

（1）有断裂的竹子或毛刺的竹剑。

（2）有虫蚀的竹剑。

（3）有撕裂尖端的竹剑。

（4）有松弛或断裂的内部结的竹剑。

（5）有延伸的手柄和松弛的弦的竹剑。

（6）有未固定的中结的竹剑。

（7）有插入其中的尖端橡胶或有撕裂异物的竹剑。

2. 竹剑的保养方法

（1）为了防止竹剑干燥并保持弹性，可将植物油渗入竹子中；或将核桃仁捣碎，包在布里，用来研磨竹子。

(2) 竹子出现裂缝时需及时更换。

(3) 竹剑柄处的皮损坏时应及时换新。

(4) 将竹剑中间的中结固定于距离顶端约25cm的位置。

(5) 练习和比赛前,全员应各自检查自己的竹剑。

(6) 养成经常检查竹剑并在使用竹剑之前,通过维护竹剑来确认安全性的习惯。

(五)连接竹剑顶部皮革的示例

1. 方法一

如图2.3.4所示。将弦穿过前革的孔,把弦A拉出约5cm;在弦B上做环;将弦A穿过弦B的环中;将弦A再穿入环中;按住结拉动弦B。

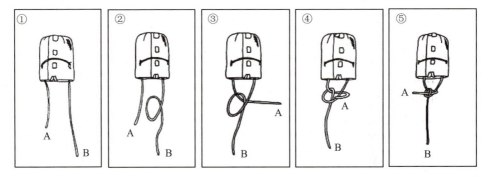

图2.3.4　连接顶部皮革的方法1

2. 方法二

如图2.3.5所示。在顶部皮革上使用细皮革连接。

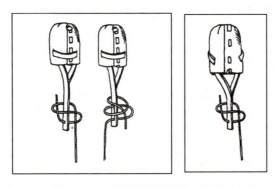

图2.3.5　连接顶部皮革的方法2

(六)竹剑弦线和图案皮革之间系结的示例

在弦线系结的方法中,存在仅使用弦线(图2.3.6)和使用皮革(图2.3.7)两种情况。

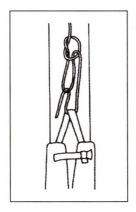 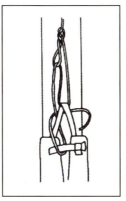 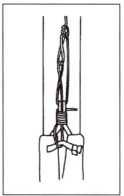

图 2.3.6　使用弦线的情况

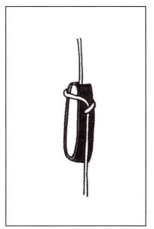 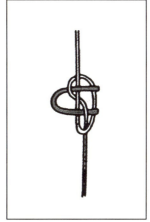

图 2.3.7　使用皮革的情况

（七）竹剑中结的捆绑方法

竹剑中结的捆绑步骤如图 2.3.8 至图 2.3.11 所示。

（1）在弦下穿过中间有凹口的部分。

（2）将另一侧的前端穿过切口。在这种情况下，中间皮革的粗糙面被制成表面。

（3）在距剑尖约 25cm 处拧紧弦。

（4）在竹剑下方旋转，缠绕 3 次。

（5）先穿过弦下，带到左侧。

（6）然后转到右侧，从弦下穿过，再带到左侧。

（7）最后拉紧，把多余的部分剪去。

（8）把剑弦穿过中结的切口。

（9）剑弦的位置约为剑尖的四分之一，在该部分上打结，使得剑弦不会移动。

 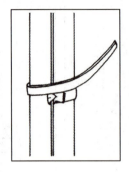 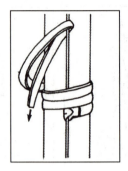 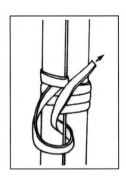

图 2.3.8　中结捆绑步骤 1

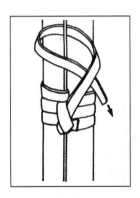 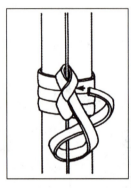 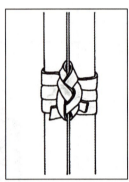

图 2.3.9　中结捆绑步骤 2

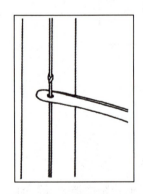 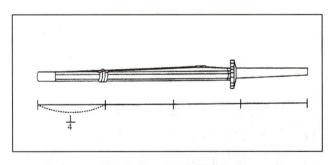

图 2.3.10　中结捆绑步骤 3　　　　图 2.3.11　中结捆绑步骤 4

二、木刀

（一）木刀的名称

木刀的名称如图 2.3.12 所示。

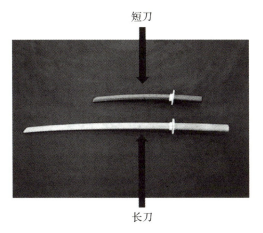

图 2.3.12 木刀的名称

(二) 木刀的长度规格

木刀的长度规格如表 2.3.2 所示。

表 2.3.2 木刀的长度规格

	总长度	刀柄长度
长刀	3尺3寸5分 (约110cm)	8寸 (约27cm)
短刀	1尺8寸 (约60cm)	4寸5分 (约15cm)

复习思考题

1. 简述剑道服装着装的注意点。
2. 简述剑道护具的捆扎及收纳方法。
3. 简述竹剑的保养方法。

第三章 剑道基本动作

> **本章提要**

本章对剑道的基本动作进行介绍。第一节至第二节介绍了剑道的姿势，包括自然体、实战姿势和眼法。剑道的实战姿势有"上段""中段""下段""八相""侧架"五种。现代剑道一般使用的实战姿势有"上段""中段""下段"三种。第三节至第十二节介绍了剑道实战中所运用动作的基本方法。本章在详细讲述剑道基本动作时配备了图片及视频资料，学生通过学习能够详细、系统地了解剑道基本动作的要领及练习方法。

第一节 自然体

自然体是指一种自然而稳定的身体姿势（图3.1.1、图3.1.2），它是剑道实战姿势的基础。这个姿势便于身体的移动和针对对方的动作敏锐地做出正确的应对动作，是能够自然应对的良好姿势。

图 3.1.1　自然体 1　　　　　　图 3.1.2　自然体 2

保持自然体姿势要做到以下几点：
（1）下颚内收，百会上顶。
（2）两肩放松，背部挺直。
（3）收腰，下腹部微用力。
（4）双膝微微伸直，重心偏向身前站立。
（5）眼睛注视着对方。

第二节　实战姿势和眼法

一、实战姿势

实战姿势

实战姿势大致可分为"身体姿势"和"心理准备"两个部分，身体姿势指的是一般的架势，心理准备指的是实战的心理状态，二者相辅相成，形神兼备。

剑道的实战姿势有"上段""中段""下段""八相""侧架"五种。这些实战姿势有各自的特点，现代剑道一般使用的实战姿势有"上段""中段""下段"三种。

（一）中段实战姿势

中段实战姿势是所有实战姿势的基础，是应对攻防变化的最方便的姿势。

1. 方法

（1）竹剑和木刀的正确握法：左手小指的一半握在柄端，由上而下握住，小指、无名指、中指握紧，食指与拇指轻搭。（图 3.2.1）

（2）右手与左手一样，由上而下轻轻握住，小指、无名指、中指握紧，食指与拇指轻搭，右手食指轻轻抵住护手盘。（图 3.2.2）

（3）双手虎口都在竹剑剑弦的延长线上。双肘保持不夹肘、不伸直的自然放松姿态。（图 3.2.3）

图 3.2.1　中段实战姿势 1

图 3.2.2　中段实战姿势 2

图 3.2.3　中段实战姿势 3

图 3.2.4　中段实战姿势 4

（4）柄的长度为右手握住护手盘、柄端贴近肘关节内侧的长度，此为最适宜的长度。（图 3.2.4）

（5）右脚比自然姿势稍微向前迈出。

（6）左手位于下腹部肚脐前约一拳的位置，左手拇指第一指节应与肚脐同高，左手拳头的拳眼略低于肚脐。（图 3.2.5）

（7）剑尖的高度与自己的咽喉同高，在对剑的状态下，剑尖的高度应与对方的咽喉同高，剑尖的延伸线在对方两眼间的方向（也称为左眼的方向）。（图 3.2.6）

图 3.2.5　中段实战姿势 5

图 3.2.6　中段实战姿势 6

图 3.2.7　中段实战姿势 7

（8）对战时，以对方的眼睛为中心，注视对方的整个身体。（图 3.2.7）

（9）两足脚尖朝前，左右间隔为一拳。（图 3.2.8）

（10）两脚前后分开，左脚脚尖与右脚脚跟在同一连线上，左脚脚后跟微微抬起，使体重均匀地落在两脚上。（图 3.2.9）

（11）双膝保持自然放松的状态，不过曲、不过直。

图 3.2.8　中段实战姿势 8

图 3.2.9　中段实战姿势 9

2. 注意事项

（1）若以右手为中心握竹剑，左拳容易晃动，所以要注意提醒。

（2）当竹剑剑尖过高时，往往是左拳的位置角度不对，需注意观察。

（3）因为左脚方向容易朝向左外侧，所以这时左腰要从左向右稍微转一下，使左脚的位置朝向正前方。（图 3.2.10）

图 3.2.10　中段实战姿势 10

（二）上段实战姿势

1. 左上段实战姿势

现代剑道中上段准备姿势具有较强的攻击性，一般所说的上段姿势是"左脚在前的左上段"实战姿势。这种姿势有利于中段与左上段之间的相互变化，这是进行攻防变化中非常有效的实战姿势。（图 3.2.11、图 3.2.12）

图 3.2.11　左上段实战姿势 1　　　图 3.2.12　左上段实战姿势 2

方法：

（1）从中段实战姿势开始，左脚上步的同时左手举过头顶。

（2）左拳位置在前额上方约一拳，竹剑与身体的角度成45°左右。

（3）姿势变成左自然体，剑尖微右斜。

（4）两手腕向内轻轻收紧，以俯视对方的姿态慢慢举起竹剑。

2. 右上段实战姿势

方法：

（1）从中段姿势开始，以俯视的角度缓缓将竹剑举过头顶。

（2）右拳的位置及竹剑与身体的角度与左上段实战姿势相同。

3. 注意事项

（1）面对对方的攻击，除了注意保护自己，更要有舍身以对的气势，堂堂正正地摆出架势。

（2）一旦捕捉到打击机会，要随时出击。

（三）下段实战姿势

下段实战姿势一方面是放下剑尖保护自己，另一方面是根据对方的变化准备随时转入攻击的架势。（图 3.2.13）

图 3.2.13 下段实战姿势

1. 方法

从中段实战姿势开始,直接将剑尖降低到对方膝盖以下约 3 至 6 厘米处。

2. 注意事项

眼睛要看着对方的眼睛,时刻注意观察对方的一举一动。

(四)八相实战姿势

八相实战姿势也被认为是双手左上段准备姿势的变形,自己先不出招,注意观察对方的动作,根据对方的变化做出进行攻击的姿势(图 3.2.14)。

图 3.2.14 八相实战姿势

1. 方法

从双手左上段的姿势开始，顺势将右拳放至右肩附近，护手盘离嘴巴一拳位置。

2. 注意事项

右手保持在身体中心线上。

(五) 侧架实战姿势

这是一种为了不让对方知道自己使用的武器而做出的实战姿势，可根据对方的行动随机应变。(图 3.2.15)

图 3.2.15　侧架实战姿势

1. 方法

右脚在后，左脚在前，侧身向前，剑尖指向身体的右后方，剑尖的高度比下段的实战姿势稍微低一点。

2. 注意事项

不让对方看到自己的剑身。

二、眼法

所谓眼法，是指剑道对抗中为了维持良好的实战姿势，眼睛所采用的方法。针对对方的动作经常维持有利的姿势和应对变化的眼睛动作，一般而言，就是时刻注意对方的位置变化。最基本的方法是以对方的眼睛为中心来观察对方的整体。

1. 方法

（1）瞭望远山（类似观赏红叶）。眼睛注视在对方的脸上，但不要凝视某一点，而是像瞭望远山一样，关注对方的整体。如果盯住对方局部位置的话，那么目标移动的过程中眼睛就会跟着目标移动，因此，自己的心也会跟着动摇，结果就会被对方的动作所迷惑。看枫叶也是如此，不要只看枫叶的某一叶，而要看整棵枫叶树，千枝万叶映入眼帘。

（2）注意两个目标。眼睛以观察对方的脸（眼睛为中心）为基本，另外要注意对方的剑尖和拳头。

（3）避视。面对高手，如果认真看着对方的脸（眼睛），有可能会被对方看穿自己的内心，此时可盯着对方的腰带（腰附近），避免与对方对视。

（4）观察。观之眼，指的是能看透对方心理活动的眼睛；看之眼，是指用肉眼观察对方表象的眼睛。对视时不要被现象所迷惑，要看透对方的心理活动。

2. 注意事项

（1）视线从面罩中最宽处看出去，否则会影响自身的身体姿势。

（2）目光要平和，不暴露自己的内心想法。

第三节　拔剑与收剑

一、拔剑

（一）提剑

左手手握竹剑，剑弦朝下，自然下垂，大拇指不要压在护手盘上。（图 3.3.1）

图 3.3.1　提剑

(二) 带剑

左手上提至腰部，成带剑姿势，剑尖向后倾斜约45°，拇指压在护手盘上。（图3.3.2至图3.3.4）

图3.3.2 带剑1　　　　　图3.3.3 带剑2　　　　　图3.3.4 带剑3

1. 方法

（1）右脚上步，右手握在离护手盘较近的剑柄上。

（2）像拔刀一样，往斜上方抽出竹剑。

（3）左手握住柄端，两拳向前方下垂，成中段实战姿势。

2. 注意事项

动作要连贯、完整，中间不要停顿。

二、收剑

1. 方法

（1）从中段的实战姿势开始，左手收回腰间。（图3.3.5）

（2）右手将剑尖由上向后转动，剑弦朝下。（图3.3.6）

（3）左手握住竹剑，贴在左腰侧，成带剑姿势。（图3.3.7）

图 3.3.5　收剑 1　　　　　图 3.3.6　收剑 2　　　　　图 3.3.7　收剑 3

2. 注意事项

（1）收剑时贴着左肩。

（2）剑尖不可由下向后收。

三、蹲踞

蹲踞是指比赛、练习中开始和结束的姿势。

（一）方法

（1）右脚微微向前迈出，两脚脚后跟抬起，位于右侧自然体的程度。（图 3.3.8）

（2）保持右侧自然姿势，将两膝弯曲至 90°左右。（图 3.3.9）

（3）将臀部放至脚后跟上，保持平衡，稳定重心。（图 3.3.10）

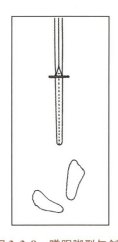  

图 3.3.8　蹲踞脚型与剑型　　图 3.3.9　蹲踞动作 1　　图 3.3.10　蹲踞动作 2

(二) 注意事项

（1）两膝充分打开。

（2）两肩放松，将臀部放至脚后跟上，上身保持平稳状态。

（3）剑尖不要下落至地板上。

（4）身体不要过于前倾，不能将竹剑贴在地板上支撑身体。

（5）在对剑状态下，相互之间不要松懈，要集中注意力，剑尖处于似碰非碰的状态，双方做好实战姿势。

四、口令

拔剑的口令为"kamen"或"kamen to"；收剑的口令则为"osame"或"osame to"。

五、练习及比赛中的礼法

（一）开始时的礼法

（1）站立的距离约为九步，持剑立礼，身体约15°。（图3.3.11、图3.3.12）

（2）带剑，从右脚开始，用上步的步法前进三步（比赛的时候，前进至开始线）。（图3.3.13、图3.3.14）

（3）边蹲踞边拔竹剑，双方剑尖处于似碰非碰的程度。（图3.3.15、图3.3.16）

（4）站立对剑的状态。（图3.3.17）

图3.3.11　开始时的礼法1

图3.3.12　开始时的礼法2

图 3.3.13　开始时的礼法 3

图 3.3.14　开始时的礼法 4

图 3.3.15　开始时的礼法 5

图 3.3.16　开始时的礼法 6

图 3.3.17　开始时的礼法 7

(二) 结束时的礼法

（1）回到开始的位置，互相做中段的实战姿势（比赛时回到开始线）。（图 3.3.18）

（2）蹲踞对剑，把竹剑收至左腰侧。（图 3.3.19 到图 3.3.21）

（3）站立成带剑状态，从左脚开始后退至最开始的位置（约九步的距离）。（图 3.3.22、图 3.3.23）

（4）提剑状态，行立礼。（图 3.3.24）

图 3.3.18　结束时的礼法 1

图 3.3.19　结束时的礼法 2

图 3.3.20　结束时的礼法 3

图 3.3.21　结束时的礼法 4

图 3.3.22　结束时的礼法 5

图 3.3.23　结束时的礼法 6

图 3.3.24　结束时的礼法 7

(三)注意事项

(1) 相互之间不要松懈,特别要集中注意力。

(2) 举止要端正,要堂堂正正地进行。

(3) 彼此相距约九步,从站立间的距离开始前进和后退,可以用大的 3 步前进,小的 5 步后退,回到站立位置,且都以"滑步"为方法进行。

第四节 步 法

所谓"步法",是指为了冲撞或闪躲对方而使用的脚步移动方法。

步法是身法的基础。正如剑道"一眼二足三胆四力"的谚语中所示,剑道也非常重视步法。千变万化的技术最终离不开步法的配合,因此说"步法"是剑道的生命也不为过。

一、步法的分类及使用

步法主要有行步、跟步、开立步、偷步等几类。各类步法的使用方法如图 3.4.1 所示。

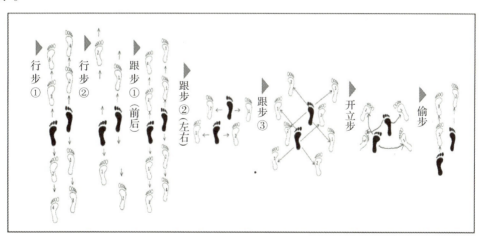

图 3.4.1 各类步法的使用方法

(一)行步

行步是前后快速移动的步法,常用于从远距离移动到打击距离。行步就像平常走路一样，用右脚和左脚交替前进或后退。

（二）跟步

跟步是向各方向近距离快速移动和打击时的步法，是从一足一刀的实战距离开始打击的常用步法。跟步是在近距离移动1、2步的情况下使用，其方向上也有前后、左右、斜前、斜后等，跟步可与多种技术相关联。具体方法是先将移动方向的脚迈出，再将后脚跟上。

（三）开立步

开立步是一边闪躲一边打击或防御时的步法，多用于近距离打击的技术。开立步向右打开时，右脚向右斜前方迈出，左脚向右脚靠拢，朝向对方的方向；向左打开时，左脚向左斜前方迈出，右脚向左脚靠拢，朝向对方的方向。

（四）偷步

偷步是从远距离开始移动进行打击时的步法，是指左脚向前移动至右脚的位置后，右脚立刻迈出一大步。

二、步法教学中的注意事项

（1）为了保持正确的姿势，以腰部为中心，尽量与地板保持水平移动，减少腰部的上下活动。

（2）上半身和竹剑保持不动，抬头、身体放松，保持正确的姿势。

（3）在"跟步"的情况下，为了不让后腿太慢或拖地，要有意识地快速移动。

（4）无论向哪个方向移动，都要注意后脚的脚后跟不要碰到地板，特别是在后退的时候，需要时刻注意。

（5）在"偷步"的情况下，左脚向右脚靠拢时容易出现停顿，为了不给对方攻击得分的机会，左脚向右脚靠拢时要立刻迈出右脚。

（6）后退的时候，后脚的脚后跟不能着地。

第五节 挥剑动作

所谓挥剑动作,是指"上下""斜上下"挥动竹剑或木刀的动作。挥剑动作是练习的初级阶段中不可或缺的重要基本动作之一。

一、练习挥剑动作的目的

(1) 学习竹剑的挥剑方法和掌握竹剑正确的挥击方向(刃筋)。
(2) 学习打击时"手之内"(一种握剑方式)的方法。
(3) 结合步法、身法的动作基础进行练习。
(4) 作为准备运动和整理运动进行练习。

二、挥剑动作的分类

(一)上下挥剑

1. 方法

从中段实战姿势开始,尽量不改变"手之内"的方法,大幅度地上下挥动竹剑。下挥时,双臂保持伸直,左拳拉到下腹部前,充分挥动,两手向内拧紧;挥下去的时候,剑尖的位置要在假想对方膝盖的高度左右。(图3.5.1 至图3.5.5)

上下挥剑

图 3.5.1 上下挥剑 1

图 3.5.2 上下挥剑 2

图 3.5.3 上下挥剑 3

图 3.5.4　上下挥剑 4　　　　图 3.5.5　上下挥剑 5

2. 注意事项

（1）在不改变"手之内"的情况下，笔直地、大幅度地挥动。
（2）左右手臂用力均匀，竹剑不要向两侧晃动。
（3）两拳的运动路线始终不离开自己的中心（正中线）。
（4）随着熟练程度的提高，不断变化动作的速度、强度，逐渐接近正面打击。
（5）挥剑的动作要结合步法，能够上下摆动。

（二）斜挥剑

斜挥剑

1. 方法

从中段实战姿势开始，大幅度地挥剑，竹剑从头部右斜上方以 45°左右的角度挥到左膝的高度，沿着之前下挥的路线，再大幅度地举到头部上方，从头部左斜上方下挥至右膝的高度。（图 3.5.6 至图 3.5.9）

图 3.5.6　斜挥剑 1　　　　图 3.5.7　斜挥剑 2

图 3.5.8　斜挥剑 3　　　图 3.5.9　斜挥剑 4

2. 注意事项

（1）左右挥剑的角度相同（45°左右）。

（2）双手的"手之内"向内旋转。

（3）随着练习熟练程度不断提高，动作的速度和强度应有所变化，逐渐接近"左右面（MEN）""左右胴（DO）"的打击方法。

（4）因为向斜下挥剑时，左拳偏离身体中心，常常会出现刀刃方向错误的情况，所以使用木刀的话，"手之内"的掌握可以更加有效。

（三）空间打击

因为剑道是"对人"的竞技，所以原则上要经常在"对人"的状态下进行练习，要经常保持对抗练习的状态。空间打击的练习与对方的距离和实战姿势无关，把对方假想在空间里，然后朝着假想对方的面（头部）、小手（手腕）、胴（腹部）、突（咽喉）等部位进行打击。（图 3.5.10 至图 3.5.18）

对着镜子一个人练习是十分有效的。

图 3.5.10　空间打击 1

图 3.5.11　空间打击 2

图 3.5.12　空间打击 3

空间打击 1、2、3

图 3.5.13　空间打击 4

图 3.5.14　空间打击 5

空间打击 4、5

图 3.5.15　空间打击 6　　　图 3.5.16　空间打击 7

空间打击 6、7

图 3.5.17　空间打击 8　　　图 3.5.18　空间打击 9

空间打击 8、9

（四）跳跃挥剑

在空间打击上加上跳跃动作一般称为"跳跃挥剑"。上肢的摆动动作和下肢的跳跃动作形成协调的打击动作。另外，作为剑道的准备运动、强化运动和辅助运动，跳跃动作可使训练效果更为显著，因此，跳跃挥剑被广泛运用。

跳跃挥剑

1. 方法（图 3.5.19 至图 3.5.23）

（1）在空间打击的正面打击动作中增加跳跃。

（2）左脚踢向右脚的同时，右脚向前跳出，与此同时完成正面打击动作。

（3）用右脚蹬地，左脚后撤一步时挥起竹剑。

（4）通过改变速度或节奏，连续地进行前进打击正面、后退挥剑的动作。

图 3.5.19　跳跃挥剑 1

图 3.5.20　跳跃挥剑 2

图 3.5.21　跳跃挥剑 3

图 3.5.22　跳跃挥剑 4

图 3.5.23　跳跃挥剑 5

2. 注意事项

（1）右脚的跨步幅度要大，但右脚不要抬得太高。

（2）前进时左脚的跟进要迅速果断，在打击的瞬间要保持正确的姿势，否则很容易变成只做右脚的运动。

（3）前进的右脚尖要正确地朝向前方。

（4）前进的时候左脚不要腾空到右脚前面。

（5）跳跃前进和后退时要避免上下幅度过大。

（6）跳跃时不要同时双脚并拢。

（7）前进的瞬间，要注意不要右膝过度弯曲或弯腰，这样容易形成上体前倾的不自然姿势。

（8）竹剑的握法是两手都用食指、拇指，这种握法容易用力过度，使剑尖立起，所以要强调正确的握法和挥剑。

（9）由于挥下的两拳过于下垂，很多情况下不能形成正确的正面打击，所以尤其要注意瞬间挥动时左拳的位置。

第六节 气 合

所谓气合，是指在内心不松懈、精力充沛的状态下自然发声。

一、发声的目的

（1）通过发声来激励自己，增强自己的意志品质。
（2）集中自身的力量，挖掘自身潜能。
（3）威慑对方，让对方吃惊。
（4）破坏对方的情绪，让对方迷惑、焦躁。
（5）引诱对方，让对方松懈。
（6）集中精气神，使打击更有效。

二、发声的方法

（1）从丹田处发出短促而尖锐的声音。
（2）发声时加上打击部位的名称，如"MEN""KOTE""DO""TUSKI"等。

三、注意事项

（1）初学者要有意识地、尽可能地大声喊出。
（2）发声不宜发长声，因为在呼吸交接处会有被打击的危险。
（3）打击动作和发声要一致。
（4）在打击后，不要一味地强调自己的打击，要让对方认识自己发声的作用。
（5）在发声时，不要使用侮蔑或傲慢的语言。

第七节 实战距离

所谓实战距离,是指双方的距离(包括时间距离和空间距离)。在控制与对方的距离中,寻找打击时机。实战距离有"一足一刀距离""远距离""近距离"之分。

一、一足一刀距离

这是剑道的基本实战距离,是向前进一步就能打击对方的距离,往后退一步就能躲开对方攻击的距离。在中段实战姿势对剑的状态下,双方剑尖相互交叉约10cm的距离。(图3.7.1)

图 3.7.1　一足一刀距离

二、远距离

这是比一足一刀距离远的距离,是双方都打击不到对方的距离。(图3.7.2)

图 3.7.2　远距离

三、近距离

这是比一足一刀距离近的距离,是双方都容易打击到对方的距离。(图 3.7.3)

图 3.7.3 近距离

第八节 基本打法、陪练法及防御方法

现代剑道的打击部位一般规定为:面部(正面及左右面部位,左右面是太阳穴以上部位);小手部(右手腕及左手腕),中段实战姿势的右小手(左手在前的左小手),中段以外实战姿势时的左小手和右小手;胴部(右腰腹和左腰腹);突部(咽喉部)。

打击部位如图 3.8.1、图 3.8.2 所示。

图 3.8.1 打击部位 1　　图 3.8.2 打击部位 2

一、基本打法

（一）打击面

1. 基本打法

（1）方法。（图 3.8.3 至图 3.8.9）

① 正面打击。竹剑举至头部上方，右脚踏步打击。

② 左右面打击。与正面打击的要领相同，从斜上方 45°左右的方向，右脚踏步打击。

打击面

图 3.8.3　打击面 1

图 3.8.4　打击面 2

图 3.8.5　打击面 3

图 3.8.6　打击面 4

图 3.8.7　打击面 5

图 3.8.8　打击面 6

图 3.8.9　打击面 7

（2）注意事项。

① 右膝不要抬得太高，脚要靠近地板。注意不要因为右脚踏步而伤到脚后跟和膝盖。

② 注意不要因为踏步不充分而拖地或撩腿。

③ 为了避免双脚同时离地，下腹部要用力，要有从腰部开始移动重心的意识。

④ 上身保持挺直，下腹部用力，在踏步的同时水平移动身体重心，使其保持正确的移动姿势。

2. 踏步打正面

关于剑道中的步法，除前面讲述的 4 种外，在此特别对现代剑道中使用频率最多的一种步法"踏步"进行说明。

（1）方法。（图 3.8.10 至图 3.8.13）

在正确的实战姿势下，右脚送出打击前，在左脚前脚掌快速蹬地的同时，右脚快速踏步打击正面。上肢的动作与左脚前脚掌快速蹬地的动作一致，右脚踏步着地与打击动作同步完成后左脚需迅速跟上。

图 3.8.10　踏步打正面 1

图 3.8.11　踏步打正面 2

图 3.8.12　踏步打正面 3

图 3.8.13　踏步打正面 4

（2）注意事项。

① 举剑时不要把右脚抬得太高。

② 在踏步前，不要做偷步的动作，也就是说，后脚要上一小步或前脚后退一小步。

③ 挥剑不要用左右上步的步法进行挥剑。

④ 竹剑下落和右脚踏步同时完成。

⑤ 不要往上跳起，要用低而远的步法前进。

⑥ 上身挺直，在踏步的同时水平移动腰部，保持移动的正确姿势。

⑦ 前脚接触地板的时候，后腿（左脚）要快速跟上，上身不要向左斜前方扭转，以免变形。

⑧ 打击时保持左拳的正确位置。

3. 打击面指导时的注意事项

（1）初学时用滑步移动，慢慢地挥剑上举，逐渐加速、踏步打击。

（2）保持"手之内"不变，两拳向内拧紧打击。

（3）挥剑时使两拳保持在身体正中线上，挺直腰背向前打出。

（4）使用竹剑的正确打击部位进行打击，挥剑和打击要一拍完成。

（5）挥剑时放松两肩，手臂自然伸直，不要僵直。

（6）打击时右脚不要抬得过高，两脚的脚尖要正确地朝向对方。

（7）不要左脚拖地或过度地撩起左脚，要让左脚快速地向右脚的方向移动。

（8）打击时上身不要过于后仰或前倾。

（9）打击左右面时，不要让右手过于用力，左拳的位置不要离开身体中心。

（10）从远距离开始，舒展地做出打击动作。

（二）打击小手

打击小手一般是以打"右小手"作为基本。

1. 方法（图 3.8.14 至图 3.8.16）

（1）把竹剑从两臂之间举到能看见对方右小手的程度，右脚踏步打击。

打击小手

（2）在对方做左手在前的中段或中段以外的实战姿势下，可打击对方左小手。

图 3.8.14　打击小手 1　　　　　　　图 3.8.15　打击小手 2

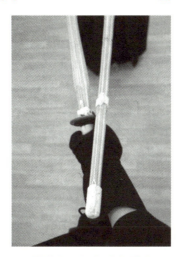

图 3.8.16　打击小手 3

2. 注意事项

（1）打击过程中，不能只用手而是用整个身体的力量打击。

（2）打击时左脚迅速向右脚靠近，不要撅臀。

（3）让学生理解从一足一刀的实战距离踏步打击，打小手和打面的实战距离是不一样的，学习从各种实战距离进行打击。

（4）做好实战姿势时，不要只关注对方的小手，要注意对方的整体，正确摆好姿势。

（5）练习时，先从对方的竹剑上方开始打击，随着技术水平的提高，也可以学习从竹剑下方开始打击。

（三）打击胴

打击胴主要以打"右胴"作为基本。

1. 方法（图 3.8.17 至图 3.8.21）

举剑过头，翻腕，右脚踏步进行打击。从举剑到打击，动作要连贯完整。

打击胴

图 3.8.17　打击胴 1　　　　　　　图 3.8.18　打击胴 2

图 3.8.19　打击胴 3　　图 3.8.20　打击胴 4　　图 3.8.21　打击胴 5

2. 注意事项

以下以右胴打击为例。

（1）打击时，左拳与腰同高，不要离开身体的中心线。

（2）初学者尤其要注意，打击时不要出现扭转身体、撅臀的动作。

（3）经常使用竹剑剑弦的另一侧打击，使刃筋端正，不要横击。

（4）膝盖稍微放松，腰部稍微下沉，背部和脖子挺直，踏步进行打击。

（四）打击突（刺击咽喉）

1. 方法（图 3.8.22 至图 3.8.27）

右脚踏步，两手内旋，伸直双臂，向对方咽喉处刺击。竹剑可从对方竹剑的左右两侧刺入。刺击还有双手与单手之分。

打击突

图 3.8.22　打击突（刺击咽喉）1

图 3.8.23　打击突（刺击咽喉）2

图 3.8.24　突（刺击咽喉）3

图 3.8.25　突（刺击咽喉）4

图 3.8.26　突（刺击咽喉）5

图 3.8.27　突（刺击咽喉）6

2. 注意事项

（1）刺击是技能训练的重要内容，在指导初学者时，要整体考虑其他技术的学习和掌握程度，要尽可能地晚一些指导。

（2）指导时要避免危险的"迎刺"。

（3）刺击时不只是用手臂，而是用整个身体去刺击。

（4）刺击时，左拳不要抬起，也不要弯腰。

（5）刺击完成后，立即恢复到中段实战姿势，做出残心，避免做一直刺下去的动作。

（6）单手技术被认为是更高级的技术，所以最好不要太早指导。

（7）单手刺击的情况下，刺击时右手要迅速地向右腰回抽。

二、陪练方法

正确的打击方法是练习者和陪练方共同提高的学习方法。

（一）方法

1. 打面的陪练方法（图 3.8.28、图 3.8.29）

将竹剑向右斜下方打开，下颚微微内收，便于打击。为了让对方抓住机会，做前后移动，露出"空隙"。

2. 打小手的陪练方法（图 3.8.30）

竖起剑尖，让对方更好地打击小手，打击完成后立即后退，留出距离让打击者能充分做出残心。

图 3.8.28　打面的陪练方法 1　　图 3.8.29　打面的陪练方法 2　　图 3.8.30　打小手的陪练方法

图 3.8.31　打胴的陪练方法 1　　图 3.8.32　打胴的陪练方法 2　　图 3.8.33　刺咽喉的陪练方法

3. 打胴的陪练方法（图 3.8.31 至图 3.8.32）

把竹剑举到上段的位置，微微向前探出，让对方可以很好地打击躯干。针对初学者而言，也有打开身体让其击打的情况。

4. 刺咽喉的陪练方法（图 3.8.33）

把竹剑稍稍向右打开，充分露出咽喉部位。下颚充分内收，避免竹剑剑尖刺到咽喉的其他部位，做出微微向前的预动来承接对方的刺击动作。

（二）注意事项

（1）双方相互保持正确的姿势、稳如泰山的对剑方式。
（2）练习从远距离开始进攻的打击。
（3）练习正确的连续打击的机会。
（4）要善于捕捉打击的好时机，快速地进行打击练习。
（5）连续打击过程中不要换气。
（6）随着剑道水平的提升和身体的冲撞能力的提高，可以加强练习者的体力训练。
（7）让学生在短时间内进行较大强度的集中练习。

三、防御方法

掌握正确的防守方法不仅能提高防御能力，而且也是掌握剑道应对技巧的基础。应对技巧的掌握，可使对方的攻击无效。

（一）打击面的防御方法

1. 方法（图 3.8.34 至图 3.8.37）

（1）稍向前移动，同时伸直双臂，双拳向斜前上方举起竹剑，用竹剑的左侧或右侧接住对方的竹剑。
（2）运用开立步，向左或向右躲开对方竹剑进行防御。
（3）对于打击左右面的防御方式是将竹剑垂直立起，向左右肩方向回抽。

图 3.8.34 打击面的防御方法 1

图 3.8.35 打击面的防御方法 2

图 3.8.36 打击面的防御方法 3

图 3.8.37 打击面的防御方法 4

2. 注意事项

这种防守方法是"往上擦击技"（一种防守技术，后续介绍）的基础，不是防守后停顿，而是接住对方攻击来的剑后立刻做好发动攻击的准备。

（二）打击小手的防御方法

1. 方法（图 3.8.38、图 3.8.39）

右脚稍微向前迈出（根据对方的出招不同，距离也有所不同），剑尖不离开对方的正中线、咽喉部，右拳边向内拧的同时向右前伸出接住对方打来的竹剑；也有左脚微微后退接剑的防御方法。

这种防守方法的具体动作是小手"往上擦击技"的基础,接招后必须做好马上反击的姿势和心理准备。具体动作是:左脚微微后退,同时伸出双臂,稍稍抬起左手,用竹剑的左侧从下方接住对方的竹剑。

图 3.8.38　打击小手的防御方法 1　　图 3.8.39　打击小手的防御方法 2

2. 注意事项

无论做向前防守还是向后防守,都要做好随时反击的心理准备。

（三）打击胴的防御方法

1. 方法（图 3.8.40）

（1）左脚向左斜后方微微后撤,在躲开对方竹剑的同时,在身体的右斜前方接住对方的竹剑,这是胴打落技的基础。所以,接招后要做出能迅速反击的身体姿势和心理准备。

（2）左脚向左斜前方以"开立步"的要领向前上步,右脚向左脚后方跟进,一边转动身体,一边将左拳抬到与脸一样的高度,右拳放在左拳的右下方,用竹剑的左侧接住对方的打击。

图3.8.40　打击胴的防御方法

2. 注意事项

（1）步法的移动不可造成自身身体姿势的晃动。

（2）防守后，要做好反击的心理准备。

（四）刺击咽喉的防御方法

1. 方法（图3.8.41至图3.8.43）

（1）右脚稍稍前进的同时，以自己竹剑的左（右）侧向斜前方往上擦击或者向上翘起的方式接住，改变对方剑尖的方向，并立即进入反击的姿势。

图3.8.41　刺击咽喉的防御方法1

图3.8.42　刺击咽喉的防御方法2

（2）左脚稍微后退的同时，将对方的竹剑向斜下方按压，然后稍微向后推，改变对方剑尖的方向。

图 3.8.43　刺击咽喉的防御方法 3

2. 注意事项

（1）根据对方做出动作的方向、速度、强度的不同，做好向前防守和向后防守的准备，要做到灵活运用。

（2）防守方法是将对方的攻击力量转移或减弱后，做好马上反击的姿势。

（3）在身体后退接招的时候，一定要坚定信心，不要轻易动摇自己的斗志。

第九节　切　返

切返是正面打击和连续左右面打击相结合的剑道基本动作的综合性练习方法。对于学习剑道的人来说，无论是初学者还是高水平选手，都必须坚持这种重要的练习方法。

切返

一、切返的练习

在正确的切返练习中，培养剑道的"实战姿势""打击"（刃筋和"手之内"的作用）"步法""实战距离""呼吸法"及"充足的体力"等内容，要以学习"气剑体一致的打击"为目标。另外，为了矫正和预防坏习惯而进行的练习，与挥剑练习一样被作为准备活动的练习部分。

连续切返

（一）方法

正面打击后,一边前进,一边依次打击4个左右面（左→右→左→右）,一边后退一边依次打击5个左右面（左→右→左→右→左）,后退回到安全距离,以中段实战姿势打击正面（1次）。

正面→连续左右面（前进4剑,后退5剑）→正面→连续左右面（前进4剑,后退5剑）→正面。具体动作如图3.9.1至3.9.10所示。

图3.9.1　切返的练习方法1

图3.9.2　切返的练习方法2

图3.9.3　切返的练习方法3

图3.9.4　切返的练习方法4

图3.9.5　切返的练习方法5

图3.9.6　切返的练习方法6

图 3.9.7　切返的练习方法 7

图 3.9.8　切返的练习方法 8

图 3.9.9　切返的练习方法 9

图 3.9.10　切返的练习方法 10

（二）过程

1. 连续左右面的打击

从中段实战姿势开始，充分打击左面，不需要还原到中段，在头顶上翻腕打击右面，这样交替地连续打击左右面。打击左右面的角度各为 45°左右，按照前进、后退等步骤进行。

2. 正面到左右面的打击

从中段实战姿势开始，充分挥剑上举打击正面，前进打击左右面后连续后退打击左右面，打击结束后双方保持中段实战姿势和充分的实战距离，立即挥剑上举打击正面。这样的过程连续 2 次，前一次、最后一次打击面作为下次、第一次打击面的动作。

（三）注意事项

（1）双方站立时，保持正确的身体姿势、实战姿势及握剑方法。

（2）在最初阶段，尤其要以"大幅度""准确"作为完成动作的宗旨，不要一味地追求快速，而要"慢而完整"地进行。

（3）放松肩部的多余力量，灵活地进行左右面的打击。

（4）连续左右打击的角度在 45°左右。

（5）打击动作必须配合正确的步法，特别是在后退的时候，要左脚先后撤。

（6）挥剑时，左拳一定要举过头顶；打落时，左拳不要过低或过高。

（7）打击时，左拳始终在正中线上移动。

（8）正面打击接近对方时要吸气，左右面打击结束后获得安全距离，一直到正面打击，要一气呵成，中间不要停顿并做好残心。

（9）不要只打对方的竹剑，也不要空击，要伸直手臂并实实在在地打击对方左右面，用竹剑的打击部位正确打击。

（10）头部、腰部、膝部等保持水平，不要让身体上下移动过大。

（11）正面的最后打击，要从"一足一刀的距离"开始正确打击。

（12）随着熟练程度的提高，要集中精力进行连续的、一鼓作气的打击练习。

二、切返的陪练

（一）方法

双方从中段的实战姿势开始，将剑尖向右打开，让对方打击正面，并立即一边后退一边让对方连续打击左右面，打击结束后，双方保持中段实战姿势和充分的距离，本方立即打开剑尖，让对方打击正面。重复"正面→连续左右面→正面"的动作，其中连续左右面的防守方法如下：

1. 接引法（在接初学者打击时使用）

竹剑垂直竖立，左拳从身体中心向左（右）弧形下拉，在对方左右打击面时接住对方的竹剑。（图3.9.11、图3.9.12）

图3.9.11　切返的陪练方法1　　**图3.9.12　切返的陪练方法2**

2. 打落的接法（接高水平者打击时使用）

在左拳不离开身体中心线的状态下，像打落对方竹剑那样迎接对方的打击。（图 3.9.13、图 3.9.14）

图 3.9.13　切返的陪练方法 3　　图 3.9.14　切返的陪练方法 4

（二）注意事项

（1）接招方法的巧与拙，与提高打击者的技能和安全性有着极为密切的关系。

（2）连续左右面用"行步"的步法来接招。竹剑垂直放置，左拳的位置在腰部的高度，右手的位置在胸椎的高度，两拳不要过高。

（3）做动作时，要精神抖擞、声音洪亮，表现出压倒对方的气势。

（4）养成从左侧开始打击到左侧结束打击的习惯。

（5）双方对持中的前进和后退要配合完美。

（6）根据熟练程度适当使用"接引法"和"打落的接法"，以提高练习效果。

（7）让对方打击正面后，双方做出正确的残心。（图 3.9.15、图 3.9.16）。

图 3.9.15　切返的陪练方法 5　　　图 3.9.16　切返的陪练方法 6

第十节　体　碰

体碰是指身体撞击后借助打击后的惯性，用自己的身体撞击对方，破坏对方的平衡，制造打击机会的动作。(图 3.10.1)

图 3.10.1　体碰

一、体碰的练习

（一）方法

（1）借打击后的惯性，在用自己的身体撞击对方的同时，双拳从对方的下腹部往上推击。

（2）在压制对方气势、破坏对方平衡后，应立刻进行打击。

（二）注意事项

（1）体碰时不要只用手的力量，而是以腰部为中心，用全身的力量去碰撞。

（2）体碰时，由下往上推击，不要低头。

（3）如果对方后退，就马上跟进打击；如果对方身体很强，冲撞不能破坏对方身体平衡时，就利用对方的撞击力，后退打击。

（4）身体撞击和打击要一气呵成。

 二、体碰的陪练

（一）方法

（1）体碰时下腹部（丹田）用力，手要下垂，腰要挺直。

（2）要做好应对被撞击的身体、心理准备。

（3）也可以不直接用身体应对撞击，而是通过身体左右移动的方法来应对。

（二）注意事项

（1）应对体碰时不要只用手的力量，而是以腰部为中心，用全身的力量去碰撞。

（2）体碰时绝对不要低头。

（3）在指导初学者时，在其遭受完全打击后应立即进行体碰的指导。

（4）在应对的时候，左脚脚后跟要及时抬起。

第十一节 对锷

对锷是指本方攻击对方的同时对方也保持攻击，身体互相靠近，护手盘相抵的状态，如图 3.11.1 所示。

图 3.11.1

一、练习方法

将自己的竹剑稍微向右倾斜，手垂下来，下腹部用力，左拳保持在身体的中心线上。通过护手盘相抵的状态，创造进攻机会。

二、注意事项

（1）指导时要认识到，对锷不是为了拖延比赛时间，也不是进攻的休息时间，而是创造积极进攻的时机。

（2）对锷时左手保持在中段位置，下腹部用力，充分伸展腰部。

（3）颈部保持正直，要以比对方高的姿势进行对锷，身体不要过于前倾。

（4）练习时让学生确认护手盘是否相抵。让双方都不要把竹剑压在对方身上，让其认识到，对锷不是较量力量的时候。

（5）对锷时不要过度用力，也不要放松休息。

第十二节　残　心

所谓残心，是指在进行打击后不能大意，要做好立即应对对方任何反击的心理准备和架势。

一、练习方法

（1）打击后保持实战距离，立即还原到中段的架势，准备对方的反击。

（2）若打击后无法取得适当实战距离时，将自己中段的剑尖贴在对方的中心（咽喉部），以备反击。

二、注意事项

（1）在指导初学者基本打击的练习时，要养成残心的习惯。

（2）一个完整的技术动作中一定要有残心。

（3）没有残心的打击，即使做好了打击也不能成为有效打击，这一点要让学生认识到。

复习思考题

1. 简述剑道基本实战姿势方法。
2. 简述练习和比赛前后拔剑与收剑之间的异同。
3. 简述打击面的方法以及其防守方法。

第四章 剑道技能

> **本章提要**

本章介绍了剑道技能的基本概念，指出剑道技能的内容包括实施性技能和防守反击技能并进行了详细阐述。本章在介绍剑道技能时配备了图片及视频资料，学生通过学习能够掌握剑道技能的动作要领、使用方法，对剑道技能形成初步概念。

第一节 剑道技能概述

技能是指掌握并能运用专门技术的能力，是个体运用已有的知识经验，通过练习而形成的一定的动作方式或智力活动方式。

剑道技能是指掌握并能运用剑道技术的能力，是运动员运用已有的剑道知识和经验，通过剑道练习而形成的一定的剑道动作方式。

剑道技能分为实施性技能和防守反击技能，以下对其内容进行简单说明。

一、实施性技能

实施性技能是以进攻的心境来表现的各种技能。这些实施性技能不单是积极的打击，更有意义的是打击之前的积极行动，即进攻。无论进退都不能忘记进攻的心境。对初学者的指导，一般先从实施性技能开始。

实施性技能包括以下内容：

（1）一本打击技——进攻后根据对方剑尖的动作而采取的打击。

（2）拨击技——打破对方的架势，主动出击。

（3）二、三段技——转移对方注意力，打击对方暴露的空当部位。

（4）出端技——在对方想要采取行动的瞬间进行打击。

（5）退击技——后退打击对手身体伸出来的部位。

（6）担技——一种引诱的技法。

（7）卷技——用自己的竹剑去卷对方的竹剑，制造打击的机会。

（8）单手技——出乎对方意料的打击。

（9）上段技——不考虑防御，全力攻击的技能。

二、防守反击技能

防守反击技能是指面对对方的攻击，采取擦击、击落、躲闪等方法，使对方的攻击无效后进行反击的技术。根据应对方法和反击方式的变化会产生各种各样的招数。

防守并不是单纯的接招，而是在擦击、躲闪之后，立刻利用对方的力量进行打击，所以经常要抱着积极的态度来进行。

防守反击技能包含以下内容：

（1）擦击技——将对方打击过来的竹剑往上擦击，使之无效，并立即反击。

（2）躲闪技——通过身体躲闪和竹剑探击的方法，使对方的竹剑击空，然后还击对方。

（3）反击技——用往上擦击的方法防守对方的竹剑，并反击对方另一侧，要利用反击的力量打击。

（4）击落技——往下打落对方打击过来的竹剑，使之无效，并立即反击。

（5）应对技——用自己竹剑的左侧或右侧按住对方进攻的竹剑，并迅速打击。

三、技能实施举例

1. 实施性技能

（1）一本打击技（进攻后根据对方竹剑的变化进行应对打击）。

剑尖下降——面

剑尖下降——突

剑尖抬起——小手

手臂抬起——胴

（2）拨击技。

拨击打面（左侧）

拨击打面（右侧）

拨落打面

拨击打小手

拨击打胴

拨击刺喉（左侧）

拨击刺喉（右侧）

(3) 二、三段技（连续技）。

小手→面

小手→胴

面→面

面→小手

面→胴

刺喉→小手

刺喉→面

小手→面→面

小手→面→胴

刺喉→面→面

刺喉→面→面（后击面）

(4) 出端技。

出端面

出端小手

出端刺喉

(5) 退击技。

退击面

退击小手

退击胴

(6) 担技。

担技打面（正面）

担技打面（右面）

担技打小手

(7) 卷技。

卷起打小手

卷上打胴

卷落打面

卷落刺喉

（8）单手技。

    单手打面（横面）

    单手刺喉

（9）上段技（左脚在前 双手左上段）。

    上段打面（单手面）

    上段打面（双手面）

    上段打小手（单手小手）

    上段打小手（双手小手）

    上段打胴

2. 防守反击技能

（1）擦击技。

    面擦击面（左侧）

    面擦击面（右侧）

    面擦击小手

    面擦击胴（右胴）

    面擦击胴（左胴）

    小手擦击面

    小手擦击小手

    刺喉擦击面（左侧）

    刺喉擦击面（右侧）

（2）反击技。

    面反击面（左）

    面反击面（右）

    面反击胴（左）

    面反击胴（右）

    面反击小手

    小手反击面

    小手反击小手

（3）击落技。

    面击落面

    胴击落面

    小手击落面

    小手击落小手

刺喉击落面

胴击落右胴

(4) 躲闪技。

面躲闪面

面躲闪小手

面躲闪右胴

面躲闪左胴

小手躲闪面（正面）

小手躲闪右面

小手躲闪左面

小手躲闪小手

(5) 应对技。

应对面

应对小手

应对胴

应对刺喉

第二节 实施性技能

一、一本打击技

一本打击技要求自身在心理上压制对手，在打击过程中，做到气剑体一致，讲究技术动作一气呵成，此为"一本"。

一本打击技要求双方在进行相互打击的过程中，应注意对方剑尖是否发生变化，同时在打击过程中要注视对方的眼睛，时刻留意对方剑尖与手部的动作，是一种根据对方动作进行打击的技法。

一本打击技的动作要领：

(1) 在中段与对手相持的过程中，要留意获取打击距离的方法。

(2) 用剑尖进攻，进入到打击距离时，两肩与两手不要用拙力。

(3) 用正确的、不露破绽的中段进攻进行打击。

(4) 用剑尖进攻时，留意脚上动作，不要"偷步""跳步"，步法要轻快、灵敏。

（5）从剑尖的攻击到抓住时机后进行打击，要完成一连串流畅的动作，特别需注意脚步与腰部的力量使用（身体重心的移动）。

（一）进攻打击面

从中段开始，用剑尖进攻对方的中心，抓住对方提起或放下剑尖的时机，进攻打击面，如图4.2.1至图4.2.4所示。

图4.2.1　进攻打击面1

图4.2.2　进攻打击面2

图4.2.3　进攻打击面3

图4.2.4　进攻打击面4

（二）进攻打击小手

从中段开始，用剑尖进攻对方的中心，抓住对方提起剑尖的时机，进攻打击小手，如图4.2.5至图4.2.7所示。

图4.2.5　进攻打击小手1

图4.2.6　进攻打击小手2

图 4.2.7　进攻打击小手 3

（三）进攻打击胴

从中段开始，用剑尖进攻对方的中心，抓住对方举起手的时机，上一大步打击对方胴，如图 4.2.8 至图 4.2.11 所示。

图 4.2.8　进攻打击胴 1

图 4.2.9　进攻打击胴 2

图 4.2.10　进攻打击胴 3

图 4.2.11　进攻打击胴 4

图 4.2.12　进攻打击胴 5

（四）进攻刺击咽喉

从中段开始，用剑尖进攻对方的中心，抓住对方放下剑尖的时机，刺击对方咽喉部，如图 4.2.13 至图 4.2.16 所示。

图 4.2.13　进攻刺击咽喉 1

图 4.2.14　进攻刺击咽喉 2

图 4.2.15　进攻刺击咽喉 3

图 4.2.16　进攻刺击咽喉 4

二、拨击技

在对方采用中段姿势或摆出应对姿势而没有露出破绽的时候，用向左、右拨击对方的竹剑或向斜下方挥落等方法破坏对方的中段并进行打击的技术称为"拨击技"，如图 4.2.17 至图 4.1.20 所示。

图4.2.17 向左拨击技1

图4.2.18 向左拨击技2

图4.2.19 向左拨击技3

图4.2.20 向左拨击技4

(一)拨击打面

1. 方法

(1)左侧拨击打面。

对方从中段开始,抓住时机,用剑尖进攻。面对这样的进攻,将想要向前做打击动作的对方的竹剑,向左上拨击,破坏对方架势,并抓住时机,迅速从正面打击,如图4.2.21至图4.2.23所示。

图 4.2.21　左侧拨击打面 1

图 4.2.22　左侧拨击打面 2

图 4.2.23　左侧拨击打面 3

（2）右侧拨击打面。

对方从中段开始，抓住时机，用剑尖进攻。面对这样的进攻，将想要向前做打击动作的对方的竹剑，向右上拨击，破坏对方架势，并抓住时机，迅速从正面打击，如图 4.2.24 至图 4.2.26 所示。

图 4.2.24　右侧拨击打面 1

图 4.2.25　右侧拨击打面 2

图 4.2.26　右侧拨击打面 3

（3）拨落打面。

从中段开始，抓住对方向前进攻的时机，当对手的剑尖偏低时，向左斜下方拨落，破坏对方的中段，并抓住时机，迅速从正面打击对方头部，如图 4.2.27 至图 4.2.29 所示。

图 4.2.27　拨落打面 1

图 4.2.28　拨落打面 23

图 4.2.29　拨落打面 3

2. 动作要领

（1）在使用拨击技法时，要拨击对方竹剑的中间部分。

（2）拨剑的瞬间要画出弧线，此过程讲究一气呵成。

（3）在拨击时要运用手腕寸劲。

（4）不要只用手拨击，注意身体与手部要结合发力。

（5）拨击的最佳时机是对手向前或后退的瞬间。

（二）拨击打小手

1. 方法

从中段开始，抓住时机，用剑尖进攻，将想要向前或想要向前做打击动作的对方的竹剑，向右上方拨击，破坏对方架势，并抓住时机，正面打击对方小手，如图 4.2.30 至图 4.2.32 所示。

图 4.2.30　拨击打小手 1　　　图 4.2.31　拨击打小手 2　　　图 4.2.32　拨击打小手 3

2. 动作要领

（1）使用这个技法要注意不要弯腰或者只用手来打击。

（2）打击过程中，要注视对方的眼睛，同时收左脚，时刻保持中段姿势进攻打击。

（3）拨击小手是指在不离开对手竹剑的情况下，用手腕的力量进行拨击。

（4）拨击时要看准时机，从对方竹剑的中间部分向右上方小幅度拨击。

（5）拨击后破坏对方的中段，同时手腕翻腕打击对方的右手。

（三）拨击打胴

1. 方法

从中段开始，抓住时机，用剑尖进攻，将对方的竹剑向右上方拨击，破坏对方的架势，并抓住时机打击对方右胴，如图 4.2.33 至图 4.2.35 所示。

图 4.2.33　拨击打胴 1　　　图 4.2.34　拨击打胴 2　　　图 4.2.35　拨击打胴 3

2. 动作要领

（1）在打击对方右胴时，手不要偏向左侧，保持在身体的正前方。

（2）进攻时身体充分向前运动，一边进入打击距离，一边进行打击。

（3）在进攻的情况下，这个技法能迫使对方的手向上举起，从而露出破绽。

（4）打击对方右胴后，根据对方的情况，向右穿越或向左穿越。

（四）拨击刺喉

1. 方法

（1）左侧拨击刺喉。

从中段开始，看准时机用剑尖进攻，往左拨击对方的竹剑，从外侧刺击对方的咽喉，如图4.2.36至图4.2.38所示。

图 4.2.36　拨击刺喉（左侧）1

图 4.2.37　拨击刺喉（左侧）2　　　图 4.2.38　拨击刺喉（左侧）3

（2）右侧拨击刺喉。

从中段开始，看准时机用剑尖进攻，往右拨击对方的竹剑，从内侧刺击对方的咽喉，如图4.2.38至图4.2.41所示。

图 4.2.39 拨击刺喉（右侧）1

图 4.2.40 拨击刺喉（右侧）2

图 4.2.41 拨击刺喉（右侧）3

2. 动作要领

（1）刺击时进攻手要在自身身体的正前方，不要先抬起。

（2）刺击完成后进攻手要回收。

三、二、三段技（连续技）

连续技是一种引诱打击技术，第一次打击对手后，根据对手的反应，抓住对方的破绽，进行下一次打击。这种技法是带着引诱的目的来实施的，如果只是单纯地做假动作，很难成为有效的打击技法。因此，从练习的阶段开始，每一次的打击都要准确无误，而且打击要连续不断，如果不是真正的打击，也就不是真正的引诱。另外，只要做出打击动作，就要打到成功为止，要有旺盛的攻击气势。

连续技的动作要领：

（1）连续技的完成强调动作的连续性，在连续打击时需一气呵成。

（2）第一次进攻后，左脚（后腿）要迅速跟进，快速打出下一个动作。

（3）连续技中，每一剑都要使出全力并正确地打击，不能半途而废。

(一）二段技（从小手开始的连续技）

从小手开始的连续技的动作要领：

（1）打小手时，无意间会看对方的小手部位，但此时要一直看对方的眼睛，不要一直注视对方的小手部位。

（2）打小手时，手一定要前伸，剑尖要抵住对方的身体。

（3）打小手时，左脚要迅速跟进，为下一个动作做好体势准备。

（4）小手作为目标，容易变动，所以要敏锐、快速、果断地进行打击。

1. 小手→面

（1）方法。

从中段开始进攻，看准时机打击对方的右小手；在对方向后撤步举剑打击或防御的瞬间，快速进攻打击面，如图 4.2.42 至图 4.2.47 所示。

小手→面

根据对手的实战姿势，如果对手的中段比较正的话，则从上打击比较有效；如果对手的剑尖偏左或偏右，则从下打击是比较有效的。

图 4.2.42　小手→面 1

图 4.2.43　小手→面 2

图 4.2.44　小手→面 3

图 4.2.45　小手→面 4

图4.2.46 小手→面5

图4.2.47 小手→面6

（2）动作要领。

① 打击完小手后，剑尖应保持进攻的状态，不要松懈。

② 第二次进攻时，左脚（后腿）迅速跟进。

2. 小手→胴

（1）方法。

从中段开始进攻，看准时机打击对方的右小手；在小手打击不充分的情况下，抓住对方想要进攻或防守的时机，快速进攻打击对方右胴，如图4.2.48至图4.2.53所示。

小手→胴

图4.2.48 小手→胴1

图4.2.49 小手→胴2

图4.2.50 小手→胴3

图4.2.51 小手→胴4

（2）动作要领。

① 打击完小手后，剑尖应保持进攻的状态，不要松懈。

② 打胴时，上半身保持正身，不可前倾或后仰。

图 4.2.52　小手→胴 5

图 4.2.53　小手→胴 6

（二）二段技（从面开始的连续技）

从面开始的连续技的动作要领：

（1）打面时要果断，正确地踏步打击。

（2）在完成打面后，不要举起或打开剑尖，两臂要伸直，剑尖下压不要松懈。

（3）打击右胴时，不要仅仅用手打击，而是要结合身体的变化进行打击；手不要横向拉，要往前翻腕打击。

1. 面→面

（1）方法。

从中段开始进攻，看准时机打击对方的面；抓住对方后退一步、剑尖下落、身体躲避打击的瞬间，利用打击面的惯性踏步进攻打击面，如图 4.2.54 至图 4.2.57 所示。

图 4.2.54　面→面 1

图 4.2.55　面→面 2

图 4.2.56 面→面 3

图 4.2.57 面→面 4

（2）动作要领。

打击面时要在自己的正前方打击。

2. 面→面（面→体碰→后退打面）

（1）方法。

从中段开始进攻，看准时机打击对方的面；在对方向前一步，用剑防守做出体碰的瞬间，左脚后退打击对方面，如图 4.2.58 至图 4.2.60 所示。

图 4.2.58 面→体碰→后退打面 1

图 4.2.59 面→体碰→后退打面 2

图 4.2.60 面→体碰→后退打面 3

图 4.2.61 面→体碰→后退打面 4

图 4.2.62　面→体碰→后退打面 5

（2）动作要领。

利用体碰的反作用力，左脚后退，右脚回辙时打击面。

3. 面→小手（面→体碰→后退打小手）

（1）方法。

从中段开始进攻，看准时机打击对方的面；对方向前防守，在体碰的瞬间，左脚后退打击对方右小手，如图 4.2.63 至图 4.2.66 所示。

（2）动作要领。

① 在练习时，要果断、准确地打击面，特别是陪练方，不能后退做体碰，要为后退打击小手提供机会。

② 后退打击小手时，特别要注意"手之内"动作要正确，打击后保持正确的体势。

③ 对方竹剑与自身竹剑平行时，要果断、快速地打击。

图 4.2.63　面→体碰→后退打小手 1

图 4.2.64　面→体碰→后退打小手 2

图 4.2.65　面→体碰→后退打小手 3

图 4.2.66　面→体碰→后退打小手 4

4. 面→胴

（1）方法。

从中段开始进攻，看准时机打击对方的面；在对方举剑防守的瞬间，右脚快速踏步打击对方右胴，如图4.2.67至图4.2.69所示。

图4.2.67　面→胴1

图4.2.68　面→胴2

图4.2.69　面→胴3

（2）动作要领。

① 踏步打击面时，不是用引诱的动作来打面，而是果断踏步打击。在打击过程中，要尽可能地切入对方中心，进行打击。

② 踏步打击面时，距离不要过近，过近会失去打击胴的距离，所以要保持正确的实战距离。

③ 打面被对方防住时，手腕要灵活，马上改变打击胴的技法。

④ 打胴时不要低头弯腰，要用腰的力量来完成动作。

5. 面→胴（面→体碰→后退打胴）

（1）方法。

从中段开始进攻，看准时机打击对方的面。在打面不充分、形成激烈体碰的瞬间，左脚后退，打击对方右胴，如图4.2.70至图4.2.73所示。

图 4.2.70　面→体碰→后退打胴 1

图 4.2.71　面→体碰→后退打胴 2

图 4.2.72　面→体碰→后退打胴 3

图 4.2.73　面→体碰→后退打胴 4

（2）动作要领。

① 体碰后不要做半途而废的后退动作。

② 打胴的瞬间，要抬头直背，翻腕伸直手臂。

（三）二段技（从刺喉开始的连续技）

从刺喉开始的连续技的动作要领：

（1）从刺喉开始的连续技，当对方的剑尖打开时，刺喉是最有效果的，所以要时刻观察对方的中段。

（2）刺喉时技法要果断、正确，半途而废的动作会给对方提供反击的机会。

（3）刺喉→面的技法针对向后退的对手是十分有效的；刺喉→小手的技法针对向前攻的对手是十分有效的。

（4）刺喉和打面不要做成两个动作，而是要将从刺喉开始打面、从刺喉开始后退打小手等一连串的动作连贯起来。

1. 刺喉→小手

（1）方法。

从中段开始进攻，看准时机刺向对方刺喉；在刺击对方不充分的情况下，引诱对方手抬起，微微后退后打击对方右小手，如图 4.2.74 至图 4.2.77 所示。

图 4.2.74　刺喉→小手 1

图 4.2.75　刺喉→小手 2

图 4.2.76　刺喉→小手 3

图 4.2.77　刺喉→小手 4

（2）动作要领。

刺喉要逼真，这样对方内心才能动摇，在对方后退抬手的瞬间打击小手。

2. 刺喉→面

（1）方法。

从中段开始进攻，在对方剑尖下降或横向打开时，右脚踏步果断刺向对方咽喉，顺势打击对方的面，如图 4.2.78 至图 4.2.81 所示。

图 4.2.78　刺喉→面 1

图 4.2.79　刺喉→面 2

图 4.2.80　刺喉→面 3

图 4.2.81　刺喉→面 4

（2）动作要领。

若刺喉不中，可以利用刺喉往前的惯性打击面。

（四）三段技

1. 小手→面→胴

（1）方法。

从中段开始，看准时机打击对方的右小手；在打击不充分的情况下立即前进打面；在打面也不充分的情况下，诱使对方举剑，从而进一步向前打击对方右胴，如图 4.2.82 至图 4.2.85 所示。

图 4.2.82　小手→面→胴 1

图 4.2.83　小手→面→胴 2

图 4.2.84　小手→面→胴 3

图 4.2.85　小手→面→胴 4

（2）动作要领。

在连续打击不充分的情况下，不要气馁，要善于捕捉打击时机。

2. 小手→面→体碰→后退打击胴

（1）方法。

从中段开始进攻，看准时机打击对方的右小手；在打击不充分的情况下立即前进打面；在打面也不充分而对方不后退的情况下，双方处于体碰状态，左脚迅速后退，打击对方右胴，如图4.2.86至图4.2.90所示。

图4.2.86　小手→面→体碰→后退打击胴1

图4.2.87　小手→面→体碰→后退打击胴2

图4.2.88　小手→面→体碰→后退打击胴3

图4.2.89　小手→面→体碰→后退打击胴4

图4.2.90　小手→面→体碰→后退打击胴5

（2）动作要领。

后退打胴时左脚后撤要及时，不能拖拉，挺直背，打击后要取得充分的安全距离。

3. 三段技其他例子

（1）小手→面→面。

（2）小手→小手→面。

（3）小手→胴→面。

（4）小手→刺喉→面。

（5）小手→刺喉→胴。

（6）面→体碰→小手→面。

（7）面→面→胴。

（8）刺喉→面→胴。

（9）刺喉→面→面。

除此之外，还有其他组合动作，可以根据不同需要而定。

四、出端技

出端技是在对方进攻打击动作的起端而进行打击的技术动作。在练习过程中，观察对方的动作很重要，最能看出对方破绽的是剑尖与手部动作。通常是在对方的剑尖离开中心线时打击对方面，在对方抬起手的瞬间打击对方小手。

出端技的常用技术有"出端面""出端小手"等。

出端技的动作要领：

（1）在对方打出进攻后再进行打击是相对较慢的，所以要时刻集中注意力，以便能抓住对方想要进攻打击动作的起端。打击的时候要有奋不顾身的勇气，果断出击。

（2）一旦进攻一定要全力打出，如果被对方的气势所压制，会产生退缩的想法，那么这个技术动作就不能有效完成。因此，进攻要带着强大的气势，全力向前打击。

（3）要充分考虑打击时机。因为双方都在向前进，所以距离很近，速度很快，因此，打击的动作比较复杂，基本是用小动作及身体进行打击。

（一）出端面

1. 方法

以中段姿势互相进攻，对方想要进攻时，剑尖会下降或打开，抓住对方向前打击的瞬间，踏步进攻打面，如图4.2.91至图4.2.93所示。

出端面

图 4.2.91　出端面 1

图 4.2.92　出端面 2

图 4.2.93　出端面 3

2. 动作要领

要想快速打出进攻，注意不要只用手去做打击动作，利用身体往前打击是非常重要的。

（二）出端小手

1. 方法

以中段姿势互相进攻时，抓住对方想要进攻时手抬起的瞬间，果断、快速地打击对方右小手，如图 4.2.94 至图 4.2.95 所示。

出端小手

图 4.2.94　出端小手 1

图 4.2.95　出端小手 2

2. 动作要领

抓住对方想要进攻打击时手抬起的瞬间，与对方的竹剑成平行状态，看准对方提起剑尖的机会，进攻打小手。

五、退击技

退击技是互相体碰或对锷时，边后退边打击的技术。大多数剑道的技能都是从较远的距离向前打出，但退击技是在和对方接近的状态下，边后退边打击。如果没有速度，很容易被对方攻击。

退击技的要点是在对方的体势停顿的瞬间进行打击，或者根据对方手的变化进行打击。

退击技的动作要领：

（1）在做技术动作时，要让对方的身体和实战姿势起不到效果。退击技是打击对方的身体或技能用尽的地方，所以要利用对方的力量，通过后退或避开对方的推挤等方式，打击对方小手或身体伸展的地方。

（2）打击时发声要大，后退打击比往前打击气势容易减弱，所以要有意识地喊出响亮的打击部位的名称。要充分利用手腕的动作，用力快速打击。

（3）正面面对对方，可迫使对方后退。朝侧向后退的情况下，体势会被破坏，只能用手部来打击，很难形成有效打击。在这种情况下，有被对方反击的危险，所以一定要正面对抗，迫使对方后退。

（一）退击面

1. 方法

在对锷状态下，等待攻击时机，一旦发现时机后，可用滑步、侧开步向后或斜后方后退，同时打击对方面或左右面，如图 4.2.96 至图 4.2.101 所示。

退击面

图 4.2.96　退击面 1

图 4.2.97　退击面 2

图 4.2.98　退击面 3

图 4.2.99　退击面 4

图 4.2.100　退击面 5

图 4.2.101　退击面 6

2．动作要领

（1）对初学者而言，练习退击动作时要格外注意脚步的移动。

（2）初学者要特别注意"手之内"的充分利用，用大动作全力打击。

（3）随着退击动作的熟练，动作完成讲究一气呵成。

（二）退击小手

1．方法

在对锷状态下，等待攻击时机，一旦发现时机后，可用滑步、侧开步向斜后方后退，同时打击对方右小手，如图 4.2.102 至图 4.2.105 所示。

退击小手

图 4.2.102　退击小手 1

图 4.2.103　退击小手 2

图 4.2.104　退击小手 3

图 4.2.105　退击小手 4

2. 动作要领

（1）在相互体碰的情况下，快速、有力地将对方的手向左下方下压，利用对方手的反作用力，在顶回来的瞬间进行打击。

（2）打击时，两脚朝对方的右小手的方向，在左脚大步快速后撤的同时右脚迅速跟上。

（3）身体向后移动的同时，和对方的竹剑成平行时进行打击效果是最好的。

（三）退击胴

1. 方法

在对锷状态下，等待攻击时机，一旦发现时机后，可用滑步、侧开步向后或斜后方后退，同时打击对方胴或左右胴，如图 4.2.106 至图 4.2.109 所示。

退击胴

图 4.2.106　退击胴 1

图 4.2.107　退击胴 2

图 4.2.108　退击胴 3

图 4.2.109　退击胴 4

2. 动作要领

（1）移动打击时，身体不要向前倾斜。

（2）要充分利用"手之内"的翻腕动作进行打击，不要横向进行打击。

六、担技

担技是一种引诱技，通过果断地把竹剑扛在肩上的样子，引诱对方的手上抬、剑尖晃动，这时可趁机打击对方的面或右小手。这里不作详细介绍。

担技打击面如图 4.2.110 至 4.2.112 所示。

图 4.2.110　担技打击面 1

图 4.2.111　担技打击面 2

图 4.2.112　担技打击面 3

担技打击小手如图 4.2.113 至图 4.2.115 所示。

图 4.2.113　担技打击小手 1

图 4.2.114　担技打击小手 2

图 4.2.115　担技打击小手 3

七、卷技

用自己的竹剑紧贴对方的竹剑，从右到左或从左到右画一个圆圈，卷起卷落以破坏对方的实战姿势并进行打击，这种技术被称为卷技。

"卷起打小手""卷落打面""卷落刺喉"是卷技中具有代表性的动作。

八、单手技

单手技是一种远距离有效打击的技术，它是一项出人意料、险中求胜的技术，不能经常使用。常用的单手技有"单手打面""单手刺喉"。

单手打面如图 4.2.116 至图 4.2.118 所示。

图 4.2.116　单手打面 1

图 4.2.117　单手打面 2

图 4.2.118　单手打面 3

单手刺喉如图 4.2.119 所示。

图 4.2.119　单手刺喉

九、上段技

与中段能自由调整攻击防御的姿势相比，上段是将自身身体全部暴露在外，处于这种状态时内心要做好充分准备，这种舍弃防御姿势进行打击的上段姿势技能被称为上段技。

常用的上段技有"上段打面""上段打小手"。

上段打面如图 4.2.120 至图 4.2.122 所示。

图 4.2.120　上段打面 1　　　　　　图 4.2.121　上段打面 2

图 4.2.122　上段打面 3

上段打小手如图 4.2.123、图 4.2.124 所示。

图 4.2.123　上段打小手 1　　　　　图 4.2.124　上段打小手 2

第三节 防守反击技能

一、擦击技

所谓"擦击技",是指对方挥剑进攻,本方用竹剑的左侧或右侧往上擦击对方的竹剑,改变对方竹剑的方向和破坏对方的体势后再打击的技能。这个技能,原则上不是边阻挡边拨击对方的竹剑,而是用自己的体势和"手之内"的方法破坏对方的剑势,并立即打击的技术。因此,实战距离、往上擦击的时机、身体的姿势、"手之内"的劲力等是关键点,如图 4.3.1 至图 4.3.2 所示。

图 4.3.1 擦击技(右侧)

图 4.3.2 擦击技(左侧)

擦击技教学时的注意事项:
(1)肩部放松,下腹部用力,在放松的状态下向上擦击,右手不要太用力。
(2)擦击的动作和挥剑的动作不要分成两拍,在挥剑的过程中擦击。
(3)擦击时剑尖的轨迹要呈圆弧状。
(4)在擦击的瞬间,利用手腕的动作找到一个合适的角度。
(5)不要抱着退缩的心情应对,要挺直腰背,以迎难而上的状态应对。
(6)在练习技术时,一开始要慢慢地,注意动作的准确性。
(7)在练习期间,要注意稍稍拉开距离,这样的练习才有效果。

（一）面擦击面（左侧）

1. 方法

用本方竹剑的左侧把对方正面打过来的竹剑往上擦击，然后直接挥剑打击对方的正面，如图4.3.3至图4.3.6所示。

面擦击面
（左侧）

图4.3.3　面擦击面(左侧)1

图4.3.4　面擦击面(左侧)2

图4.3.5　面擦击面(左侧)3

图4.3.6　面擦击面(左侧)4

2. 注意事项

如何擦击与对方的距离有关，是后退擦击还是前进擦击（根据情况，边侧移身体边前进），要根据实际情况及技能水平来确定。

（二）面擦击面（右侧）

1. 方法

用自己竹剑的右侧擦击从正面打过来的对方的竹剑，并直接打击对方的正面，如图4.3.7至图4.3.10所示。

图 4.3.7　面擦击面(右侧)1

图 4.3.8　面擦击面(右侧)2

图 4.3.9　面擦击面(右侧)3

图 4.3.10　面擦击面(右侧)4

2. 注意事项

指导时要让学生认识到，擦击要与对方打入动作同步，边前进边擦击才是最有效果的。

(三) 面擦击小手

1. 方法

左脚向左斜后方退一步的同时，用自己竹剑的右侧将对方正面打过来的竹剑向斜上方擦击，右脚回撤的同时打击对方的右小手，如图 4.3.11 至图 4.3.14 所示。

面擦击小手

图 4.3.11　面擦击小手 1

图 4.3.12　面擦击小手 2

图 4.3.13　面擦击小手 3

图 4.3.14　面擦击小手 4

2. 注意事项

要善于利用竹剑的侧面做擦击动作，擦击后打击小手动作要连贯完整。

（四）面擦击左胴

1. 方法

对方进攻时，边向右开步，边用自己竹剑的左侧将对方正面击来的竹剑向左斜上方擦击，在左脚跟进的同时向左斜下方打击对手的左胴，如图 4.3.15 至图 4.3.17 所示。

图 4.3.15　面擦击左胴 1

图 4.3.16　面擦击左胴 2

图 4.3.17　面擦击左胴 3

2. 注意事项

（1）擦击时，在实战距离接近的情况下，要注意手腕的松柔灵活和步法的敏捷。

（2）打击对方左胴时，要保持正确的身体姿势。

（五）面擦击右胴

1. 方法

对方进攻时，左脚向左斜后方撤步的同时，用自己竹剑的右侧将对方正面打过来的竹剑向斜上方擦击，右脚回收的同时，顺势打对方的右胴，如图 4.3.18 至图 4.3.20 所示。

图 4.3.18　面擦击右胴 1

图 4.3.19　面擦击右胴 2

图 4.3.20　面擦击右胴 3

2. 注意事项

在擦击对方右胴时要画一个大弧形，这是非常有效的。

（六）小手擦击面

1. 方法

对方进攻时，用自己竹剑的右侧擦击对方打右小手的竹剑，然后直接挥剑打击对方的正面。这种技法与对方的实战距离相关，会有后退擦击和前进擦击两种情况，如图 4.3.21 至图 4.3.24 所示。

小手擦击面

图 4.3.21　小手擦击面 1

图 4.3.22　小手擦击面 2

图 4.3.23　小手擦击面 3

图 4.3.24　小手擦击面 4

2. 注意事项

(1) 擦击时要注意步法，不要弯腰。

(2) 擦击的动作和打击面的动作要成为一个连贯的动作。

(3) 擦击时，要有迎难而上的气势，即使形式上有所犹豫，但绝对不能动摇内心。

(4) 擦击后快速准确地打击对方正面。

(七) 小手擦击小手

1. 方法

对方进攻时，左脚向左开一步，同时用自己竹剑的右侧将对方打击右小手的竹剑向右斜上方微微擦击，在右脚向左脚的方向跟进的同时，打击对方的右小手，如图 4.3.25 至图 4.3.27 所示。

图 4.3.25　小手擦击小手 1

图 4.3.26　小手擦击小手 2

图 4.3.27　小手擦击小手 3

2. 注意事项

（1）要理解与对手间距离的关系，有时也会出现右脚前进的同时做打击的情况。

（2）对方攻击本方面或小手，在实战距离和速度上有相当大的差别，要充分观察、把握节奏。

（八）刺喉擦击面（左侧）

1. 方法

从右脚开始，一边前进一边用自己竹剑的左侧向上擦击对方刺喉过来的竹剑，然后继续前进，打击对方的正面，如图 4.3.28 至图 4.3.30 所示。

图 4.3.28　刺喉擦击面（左侧）1

图 4.3.29　刺喉擦击面（左侧）2

图 4.3.30　刺喉擦击面（左侧）3

2. 注意事项

不要害怕对方刺喉，要勇敢向前迎上去擦击并打击面。

（九）刺喉擦击面（右侧）

1. 方法

从右脚开始，一边前进一边用自己竹剑的右侧向上擦击对方刺喉过来的竹剑，然后继续前进，打击对方的正面，如图4.3.31至图4.3.33所示。

图 4.3.31 刺喉擦击面（右侧）1

图 4.3.32 刺喉擦击面（右侧）2

图 4.3.33 刺喉擦击面（右侧）3

2. 注意事项

（1）对方刺喉时，自己一旦有向后退缩的心理，动作上一定有迟疑，很容易被对方捕捉到，所以要抱着让对方刺到的心理准备勇敢往前，绝对不要被对方逼退。

（2）擦击时手腕要柔软，像画弧线一样轻轻向上擦击。

（3）擦击时不要将对方的竹剑压向左侧或右侧。

二、反击技

所谓"反击技"，是指在接对方打过来的竹剑时，针对对方的竹剑打击对方的另一侧部位的技能。也就是说，反击技是让对方出招，在对方气势的余力处利用其力量反击的技术。

反击技教学中的注意事项：

（1）教会学生看清对方攻击的方向，并利用对手的力量来回击。

（2）打对方高处时，大幅度应对、小幅度反击；打对方低处时，从下往上推，大幅度应对、大幅度反击。

（3）应对时不能站在原地，应该在移动时做出应对，并养成用体势进行打击的习惯。

（4）运用"手之内"技法使手腕柔软，利用对方的力量自然地回击。

（5）应对对方打击胴时，千万不要将手抽回，而要将手伸向前反击。

（6）进攻时若与对方之间的距离太近，则用身体来拉开距离。

（7）应对时，要始终带着迎难而上的心态去做，不要抽回自己的手来应对。

（8）反击时，尽量不要离开对方的竹剑，保持良好的步法，不让身体摇晃。

（9）打击时不要只用手，而要用整个身体去打击。

（一）面反击右面

1. 方法

面对对手正面进攻的竹剑，利用开立步，左脚向左斜前方上步，同时用自己的竹剑左侧向上擦击，在身体向左侧打开的同时，用竹剑打击对方的右面，如图 4.3.34 至图 4.3.36 所示。

面反击右面

图 4.3.34　面反击右面 1

图 4.3.35　面反击右面 2

图 4.3.36　面反击右面 3

2. 注意事项

(1) 向上擦击时不要停顿，与打击对方面的动作连贯完整。

(2) 步法与剑法要协调配合。

(3) 打击对方右面时要注意方法正确。

(二) 面反击左面

1. 方法

面对对方正面打攻击的竹剑，利用开立步，右脚向右斜前方上步，同时用自己的竹剑右侧向上擦击，在身体向右侧打开的同时，用竹剑打击对方的左面，如图 4.3.37 至图 4.3.39 所示。

图 4.3.37　面反击左面 1

图 4.3.38　面反击左面 2

图 4.3.39　面反击左面 3

2. 注意事项

(1) "手之内" 要柔和，在应对的同时打击对方。

(2) 反击时不能只用手，要结合身体的体势去打击。

(三) 面反击右胴

1. 方法

面对对方正面攻击的竹剑，右脚向右斜前方上步，用自己竹剑的左

面反击右胴

侧向上擦击，身体躲开对方的竹剑力量，翻腕用刀锋打击对方的右胴。也有用左脚向右斜方上步打击对手右胴，如图4.3.40至图4.3.43所示。

图4.3.40　面反击右胴1

图4.3.41　面反击右胴2

图4.3.42　面反击右胴3

图4.3.43　面反击右胴4

2. 注意事项

用剑擦击时不停顿，翻腕要快速，打击要有强度、力度。

（四）面反击左胴

1. 方法

面对对方正面攻击的竹剑，左脚向左斜前方上步，同时用自己竹剑的右侧将对方竹剑往上推送，身体躲开对手竹剑，用竹剑打击对方的左胴，如图4.3.44至图4.3.47所示。

图4.3.44　面反击左胴1

图4.3.45　面反击左胴2

图4.3.46 面反击左胴3

图4.3.47 面反击左胴4

2. 注意事项

（1）应对对方进攻时，不要退缩。

（2）使用"手之内"要柔软，让竹剑充分反击，用刀锋正确地打击。

（3）当距离接近时，打击对方右胴，很难做翻腕动作，此时左拳稍微向右拳靠近，这样打击的效果比较好。

（4）不要把应对对方和反击对方的动作分开，要作为一个连贯的动作来完成。

（五）面反击小手

1. 方法

针对对方正面攻击的竹剑，左脚向后退一步，同时用自己竹剑的左侧往上擦击至脸的高度，翻腕向前打击对方的右小手，如图4.3.48至图4.3.50所示。

图4.3.48 面反击小手1

图4.3.49 面反击小手2

图4.3.50 面反击小手3

2. 注意事项

打击对方小手时要注意距离，利用自身的经验来调整打击小手的距离。

（六）小手反击面

1. 方法

针对对方攻击小手的竹剑，右拳向外拧转使剑尖下降，用自己竹剑的左侧应对，立即翻腕并右脚踏步打击对手正面，如图 4.3.51 至图 4.3.54 所示。

小手反击面

图 4.3.51　小手反击面 1

图 4.3.52　小手反击面 2

图 4.3.53　小手反击面 3

图 4.3.54　小手反击面 4

2. 注意事项

翻腕打击面要快速、果断。

（七）小手反击小手

1. 方法

针对对方打击小手的竹剑，左脚向左斜后方后撤的同时右拳向外拧转使剑尖下降，用自己竹剑的左侧应对，立即翻腕并右脚踏步打击对方的右小手，如图 4.3.55 至图 4.3.61 所示。

图 4.3.55　小手反击小手 1

图 4.3.56　小手反击小手 2

图 4.3.57　小手反击小手 3

图 4.3.58　小手反击小手 4

图 4.3.59　小手反击小手 5

图 4.3.60　小手反击小手 6

图 4.3.61　小手反击小手 7

2. 注意事项

（1）应对时要坚定信心，不要退缩。

（2）注意与对手保持间距，步法要适当。

(八)胴反击面

1. 方法

为应对对方打向右胴的竹剑,左脚向左斜前方以开立步上步,右脚向左脚的右后方撤步,在移动身体的同时,左拳上举至脸的高度,右拳在左拳的下方,用自己竹剑的左侧应对,翻腕打击对方的面,如图4.3.62至图4.3.67所示。

图4.3.62　胴反击面1

图4.3.63　胴反击面2

图4.3.64　胴反击面3

图4.3.65　胴反击面4

图4.3.66　胴反击面5

图4.3.67　胴反击面6

2. 注意事项

(1)对持时左拳果断举起,右拳充分向身体靠拢,"手之内"要柔和,使之应对自如。

(2) 做开立步时，右脚快速回撤，尽可能快地把右脚向左脚靠拢。

(3) 为了不使应对和打击变成两个动作，手法和脚法要充分配合，自己的竹剑不要离开对方的竹剑，做圆弧运动打击。

(4) 根据对方打击右胴时踏步的程度，判断双方的间距，脚法要适度，左脚在前或右脚在前皆可，以能打到面为宜。

(5) 左脚在前打面时，容易出现打击不充分的情况，所以要用腰腹部的力量，两拳要充分内旋并大幅度地打击。

三、击落技

"击落技"也被称为切落技，是将对方打进来的竹剑向右下或者左下打落，然后直接反击的技术。与擦击技、反击技等技术相比，其动作本身是比较自然的，但要把握对方的动作节奏是非常困难的。因此，当对方比自己的姿势低，或者对方进行低位击打时，这是一种有效的打击技术。

击落技指导上的注意事项：

(1) 根据对方打来的竹剑的刀锋与速度，准确击落。

(2) 用手腕下按的方式击落对方竹剑。注意不要边屈腕边过度抬肘，以免夹住对方的竹剑。

(3) 击落对方竹剑时要使用腰部力量，不要只用手打下去，要用前压的方法击落。

(4) 在击落的瞬间，两手向内拧转是非常重要的，手型不要走样，快速调整适当的距离来进行打击。

（一）面击落面

1. 方法

当对方攻击面部时，要大幅度地挥动自己的竹剑，更快、更有力、更干脆利落地一拍打落对方竹剑，乘势攻击对方的面，如图4.3.68至图4.3.71所示。

图4.3.68　面击落面1

图4.3.69　面击落面2

图 4.3.70　面击落面 3

图 4.3.71　面击落面 4

2. 注意事项

利用竹剑侧面部位快速打击，一气呵成。

（二）胴击落面

1. 方法

面对对方打击自己右胴的竹剑，身体迅速向左闪开，打落对方的竹剑，右脚紧跟着向前踏步，打击对手的面，如图 4.3.72 至图 4.3.75 所示。

图 4.3.72　胴击落面 1

图 4.3.73　胴击落面 2

图 4.3.74　胴击落面 3

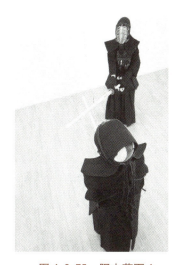
图 4.3.75　胴击落面 4

2. 注意事项

打落对方竹剑后，利用反作用力用竹剑快速打击对方面。

（三）小手击落面

1. 方法

面对对方打击小手的竹剑，用自己的竹剑从左斜上方向右斜下方击落对方的竹剑，随后立刻打击对方的面，如图4.3.76至图4.3.80所示。

图4.3.76　小手击落面1

图4.3.77　小手击落面2

图4.3.78　小手击落面3

图4.3.79　小手击落面4

图4.3.80　小手击落面5

2. 注意事项

在击落对方竹剑后打击对方面，动作要快速、连贯、一气呵成。

（四）刺喉击落面

1. 方法

用自己的竹剑从右斜上方往左斜下方击落对方刺击喉部的竹剑，然后从左侧打击对方的面。另外，也可以从左斜上方向右斜下方击落对方的竹剑，然后打击对方的面。"刺喉击落面"是对方用中段、本方用上段时的典型例子，如图 4.3.81 至图 4.3.85 所示。

图 4.3.81　刺喉击落面 1

图 4.3.82　刺喉击落面 2

图 4.3.83　刺喉击落面 3

图 4.3.84　刺喉击落面 4

图 4.3.85　刺喉击落面 5

2. 注意事项

采用上段实战姿势的应用技术，由上往下击落对方的竹剑后再打击面，注意要控制好自己的竹剑，防止用力过猛。

（五）胴击落右胴

1. 方法

将对方击向右胴的竹剑向右下击落，抓住对方因反作用力抬起手的时机，击向对方右胴，如图4.3.86至图4.3.89所示。

图4.3.86　胴击落右胴1

图4.3.87　胴击落右胴2

图4.3.88　胴击落右胴3

图4.3.89　胴击落右胴4

2. 注意事项

要抓住对方抬起手的瞬间打击对方右胴。

四、躲闪技

"躲闪技"是面对对手的打击，将身体躲开或后退让对手打空，在技末或身体将停时打击的技术。

在剑道技术中，有两种"躲闪"方式，一种是身体后退以获得打击距离，另一种是身体改变方向躲开并寻机打击。

躲闪技在指导中的注意事项：

(1) 如果被对方察觉到要躲闪，躲闪技就会失败。因此，有必要采取"进攻"或"引诱"的方式，让对方朝着自己的方向出击。

(2) 要让学习者明白，不要受对方的动作影响，保持自然放松的精神状态是很重要的。

(3) 与反击技一样，使用躲闪技时要充分吸引对方，让对方发起打击。学习者要理解，在对方发起打击时，在让对方认为即将达到目的的瞬间进行打击才是躲闪技运用成功的诀窍。

（一）面躲闪面（后退躲闪）

1. 方法

面对对方的正面打击，左脚先后退，同时向上挥剑，使其打空，再向前踏出一步打击对方正面，如图 4.3.90 至图 4.3.93 所示。

图 4.3.90　面躲闪面(后退躲闪)1

图 4.3.91　面躲闪面(后退躲闪)2

图 4.3.92　面躲闪面(后退躲闪)3

图 4.3.93　面躲闪面(后退躲闪)4

2. 注意事项

(1) 躲闪时要注意步法，要将整个身体闪开。

(2) 躲闪和打击动作要连续完整、一气呵成。

(3) 后退时，要把身体重心压向前，并时刻准备立即向前打击。

(二) 面躲闪面（侧面躲闪）

1. 方法

面对对方正面打击时，先将右腿向右斜前方上步，使身体避开对方攻击，当对方竹剑擦肩而过后，挥剑打击对方的正面，如图4.3.94至图4.3.97所示。

面躲闪面
（侧面躲闪）

图4.3.94　面躲闪面(侧面躲闪)1

图4.3.95　面躲闪面(侧面躲闪)2

图4.3.96　面躲闪面(侧面躲闪)3

图4.3.97　面躲闪面(侧面躲闪)4

2. 注意事项

（1）用开立步躲闪时，保持身体重心向前压的状态，以最小幅度躲闪后再打击。

（2）向右躲开时，不要躲闪后打击，而应该边躲边打，寻机反击。

（3）如果把身体向右闪得太开，对方就有可能看到你的面而改变打击方向。所以，看到对方正面打击的时候，要边躲闪边打击。

（4）打击时右手太用力会变成横向打击，这样是无法完成有效打击的。可以在腰向左扭转时稍稍闪开身体，与对方竹剑擦肩而过，然后快速打击。

(三) 面躲闪右胴

1. 方法

面对对方的正面打击，先右脚向右斜前方踏出一步，同时左脚跟

面躲闪右胴

上,与对方竹剑擦肩而过,当对方击空、两臂完全伸展时,刀锋保持不偏,打击其右胴,如图4.3.98至图4.3.101所示。

图 4.3.98　面躲闪右胴 1

图 4.3.99　面躲闪右胴 2

图 4.3.100　面躲闪右胴 3

图 4.3.101　面躲闪右胴 4

2. 注意事项

(1) 躲闪幅度不要过大。

(2) 打击右胴时要注视对方。

(四) 面躲闪左胴

1. 方法

面对对方的正面攻击,身体向左侧闪开,翻腕打击对手的左胴。在一边向左躲闪一边打击的情况下,打击力会减弱,体势也容易失衡,这种技法有一定难度,在初级阶段没有必要练习,如图4.3.102至图4.3.105所示。

2. 注意事项

(1) 在打击胴时,要强调翻腕和正确打击的重要性。

(2) 躲闪时,不仅仅使用步法,而是整个身体闪开,从腰部开始快速移动。

(3) 面对对方的进攻,不要在躲闪后再打击,而是在躲闪时就充分伸展两臂进行打击。

(4) 出手打击时要注意后脚不要留在后面或弯腰。

(5) 如果躲闪时手向左大幅度回拉,会变成左半身迎击对方,很可能被对方反击,所以应该手向前翻腕，身体向左移动，直接打击。

图 4.3.102　面躲闪左胴 1

图 4.3.103　面躲闪左胴 2

图 4.3.104　面躲闪左胴 3

图 4.3.105　面躲闪左胴 4

（五）小手躲闪面（后退躲闪）

1. 方法

面对对方对小手的打击，在左脚向后撤步的同时，举剑躲开对方的竹剑；当对方的竹剑向前落下、身体前倾时，右脚向前踏步打击对方正面，如图 4.3.106 至图 4.3.108 所示。

小手躲闪面
（后退躲闪）

图 4.3.106　小手躲闪面（后退躲闪）1

图 4.3.107　小手躲闪面（后退躲闪）2

图 4.3.108　小手躲闪面(后退躲闪)3

2. 注意事项

（1）后撤步要小而快，举剑与后撤一致。

（2）打击面时要调整好距离，防止打到对方后脑或肩膀。

（六）小手躲闪面（侧面躲闪）

1. 方法

面对对方对小手的打击，在左脚稍微后退的同时，手回抽躲开对方的竹剑；当对手击空后手臂伸直时，右脚踏出打击对方正面，如图 4.3.109 至图 4.3.111 所示。

图 4.3.109　小手躲闪面(侧面躲闪)1

图 4.3.110　小手躲闪面(侧面躲闪)2

图 4.3.111　小手躲闪面(侧面躲闪)3

2. 注意事项

（1）躲闪时不仅是躲开手，而是要让整个身体都躲开。
（2）躲闪的时候要设法让重心压在前面。
（3）打击时要在头顶上快速、大幅度地挥动竹剑。
（4）躲闪和打击动作要连贯完整，一气呵成。
（5）充分看清对方打来竹剑的方向、速度、间距，从容不迫地躲闪。

（七）小手躲闪小手

1. 方法

面对对方打击右小手，在左脚向左斜后方收回的同时，剑尖画半圆躲开打击，并立即举剑打击对方小手，如图4.3.112至图4.3.114所示。

图4.3.112　小手躲闪小手1

图4.3.113　小手躲闪小手2

图4.3.114　小手躲闪小手3

2. 注意事项

因为打击小手速度非常快，打击时要充分发挥手腕的屈伸作用，与对方动作节奏相吻合，将对方竹剑从下方挑起并立即打击对方小手。

（八）面躲闪小手

1. 方法

面对对方的正面打击，左脚稍微向左滑出，身体向左闪躲，竹剑向下画弧并举起，同时右脚向左回收，然后在向右前踏步的同时进行打击。打击时，右腰向右拧转，面向对手进行打击，如图 4.3.115 至图 4.3.117 所示。

图 4.3.115　面躲闪小手 1

图 4.3.116　面躲闪小手 2

图 4.3.117　面躲闪小手 3

2. 注意事项

（1）"面躲闪小手"是指身体和竹剑的方向保持一致打击。如果匆忙打击，身体的方向与打击的方向不一致，就会侧向打击，刀锋不正，这就是所谓的"平击"，它不会成为有效打击，所以打击时应尽量使身体朝着小手的方向。

（2）打击小手后不要马上收回竹剑，要按住竹剑。这一招也被称为"压小手"。

（九）小手躲闪右面（单手侧面）

1. 方法

面对对方的小手打击，在左脚向左斜后方收回的同时，剑尖画半圆躲开打击，并立即左手举剑打击对手右面，如图 4.3.118 至图 4.3.121 所示。

图 4.3.118 小手躲闪右面 1

图 4.3.119 小手躲闪右面 2

图 4.3.120 小手躲闪右面 3

图 4.3.121 小手躲闪右面 4

2. 注意事项

左手举剑时要控制好竹剑，单手击面后要保持身体平衡。

五、应对技

所谓"应对技"，是用本方竹剑的左侧或右侧迎接对方进攻的竹剑，并迅速击中对方的技术。主要技术动作有"应对面""应对小手""应对胴""应对刺喉"等，这里不再一一介绍。

复习思考题

1. 简述剑道技能的形成过程。
2. 简述实施性技能和防守反击技能的内容。
3. 简述使用不同防守反击技时的注意要点。

第五章 剑道训练及基本技术

本章提要

本章从剑道的训练方法、训练计划及训练原则三个方面介绍有关剑道训练的内容，包括剑道体能训练、技能训练、战术训练、心理训练的训练手段；如何从训练目标、训练内容为切入点制订剑道训练计划；剑道训练的基本原则等。本章还重点介绍了剑道的基本技术九刀十三式及运动生物力学特征。基本技术以木刀的九刀十三式为主，配备了九刀十三式训练的图片及视频资料。学生通过学习能够正确理解剑道基本技术的动作要领，并进行自主练习。通过对剑道基本技术的运动生物力学的了解，可以在练习时达到身心合一的效果。

第一节 剑道训练

一、剑道的训练方法

（一）体能训练

1. 力量训练

剑道讲究的是全身的发力，在打剑的同时，不光要用手臂挥动剑，而且还要用肩膀和背部作为支撑，并借助上半身的重量形成巨大的冲击力，同时还要利用左腿产生向前的推力，因此剑道对运动员的臂力、核心力量和腿部力量要求很高。根据肌肉的收缩形式，我们常把力量训练分为静力性力量训练和动力性力量训练，静力性训练是肌肉在紧张用力时其长度不发生变化的力量训练，静力力量练习一般采用较大的重量负荷，以递增重量的方法进行，但过多使用静力练习会阻碍动作速度和协调性的发展。在进行静力力量练习的时候，要注意静力性练习与动力性练习相结合，静力性练习应与技术动作相一致，注意呼吸，即在练习前做一次深吸气并坚持数秒，然后慢慢呼出。动力性训练是指肌肉收缩时长度发生变化的力量训练，动力力量练习会使全身或部分肢体产生运动，如深蹲、俯卧撑、引体向上练习等。

2. 速度训练

速度素质是指人体在快速运动时能够展现出的运动加速度和最大速度的能力。速度素质分为反应速度、动作速度和位移速度。剑道在实战中所能发挥出来的速度和力量是相当惊人的，在比赛中能够决定胜负的一击通常都在 0.1s 内完成，也就是说任何超过 0.1s 的打击都被视作过慢。因此反应速度对于剑道运动员尤为重要，我们可以在日常的训练中进行特定的信号反应训练。动作速度在实战中决定了运动员的打击速度。在训练过程中，我们要加强对于动作速度的训练。例如，通过对手和身体速度的练习来提高运动员的动作速度。移动速度是指单位时间内机体移动的距离，剑道选手移动速度的提高也是比赛制胜的关键，在训练过程中，可以通过在外部有利条件下进行高频率练习或短距离折返跑练习来提高运动员的移动速度。

3. 耐力训练

剑道运动员耐力素质的提高能够帮助其在比赛过程中保持大脑供氧充足，更好地发挥出竞技水平。耐力训练又分为一般耐力训练和专项耐力训练，对于一般耐力训练，我们可以采用持续训练法或间歇训练法，对于专项耐力的训练，我们可以采用体能主导类快速力量性项群、体能主导类周期竞速项目、技能主导类表现性项群和技战能主导类对抗性项目来进行训练。值得注意的是，在耐力训练中要及时补水，避免出现运动损伤。

4. 灵敏训练

灵敏素质是指机体快速改变体位转换动作的能力，它是运动员综合能力的体现。因此发展灵敏素质必须从提高身体素质入手，重点培养剑道运动员对于动作的掌握和反应的能力，通常我们把灵敏训练分为程序性灵敏训练和随机性灵敏训练。根据运动项目的不同，灵敏训练方法也会有所不同。灵敏训练一般安排在课的前半部分，在运动员体力充沛、精神饱满时进行。在训练时采用多种训练手段，以消除运动员的恐惧心理或紧张状态，保证训练取得良好效果。

（二）技能训练

对于剑道初学者来说，应先从分解动作开始练习，再由单击动作到连击动作，然后逐渐进入连锁式练习，再转入密集型冲击训练。在剑道学习的初期，练习者不能立即做出完整动作时，通常采用分解练习法，将一个完整的动作进行拆分，按照由易到难的顺序一段一段地进行训练。分解练习法可以有效地将动作的难度降到最低，有利于练习者的进一步掌握。例如，我们在学习打击头部时，首先要从气合开始练习，接下来是进攻的练习，最后是挥剑的练习。值得注意的是，分解练习法将动作拆解，导致初学者在脑海里难以形成完整的动作表象，动作前后之间衔接不连贯。因此在训练中，要着重解决练习内容是否可以进行分解及分解是否合理等问题。在练习者完全掌握动作后，我们可以采用完整训练法和重复训练法。

（三）战术训练

1. 变换训练法

变换训练法是指对运动负荷、练习内容、练习形式、练习条件实施变换，以提高运动员的积极性、适应性及应变能力的训练方法。在比赛阶段变换运动强度是比较常见的，尽量安排与比赛强度一致的训练，有助于运动员快速进入比赛状态。由于剑道属于双人对抗性运动，每场比赛的对手也各有不同，运动员需要随机应变，这就要求在日常的训练过程中运用变换训练法，为运动员提供不同打法的对手，多积累经验。运动员要想在赛场上取得胜利的关键因素之一就是合理运用战术，比赛过程中战术是随时变化的，运动员需要在比赛中迅速识别对手的战术并做出应对策略，在日常的训练中应强化变换训练法的应用。

2. 比赛训练法

比赛训练法是指模拟真实的比赛情境，按照比赛的规则和方式，以提高训练质量为目的的训练方法。在训练过程中，教练员应减少干预，尽量让运动员多进行独立的思考和决策，同时通过比赛发现运动员存在的问题，在平时的训练中进行针对性的练习并加以解决。

（四）心理训练

剑道作为对抗性运动，心境对于运动员的影响非常大，比赛中的犹豫、害怕、恐惧都会给对手可乘之机，因此在日常训练中要多进行心理训练，同时将心理训练与实战演练结合起来，创造真实的比赛场景，锻炼并提高运动员的心理素质。

二、剑道的训练计划

（一）训练目标

制订训练计划首先要明确训练目标，明确一年内的目的和目标，再决定每个季节的目标和主题，根据每一季节的主题，制订每一天的训练计划。

（二）训练内容

1. 课时训练计划

主要包括以下内容：

（1）热身练习。

（2）挥剑练习。

（3）基本功练习。

（4）实战练习。

（5）轮流练习——两人或三人一组。

（6）多次挥剑练习。

（7）拉伸运动。

2. 年度训练计划

（1）4—7月比赛期（个人赛），教练员要调整运动员的身体状态，练习以实战练习、战术练习为主，因为个人赛没有时间限制，所以可以合理安排比赛时间及训练项目。

（2）8月强化期，因为处在比赛期的空档，教练员要注意运动员技能的强化与体能的恢复，不能放松警惕，同时做好健康防护，避免运动损伤。

（3）9—11月比赛期（团体赛），运动员要调整好精神和身体的状态，因为团体赛有时间限制，因此在训练中要注意时间的把控。

（4）12—3月强化期，这个时间段因为暂时没有比赛，所以训练以反击技术和强化练习为主，着重培养体力和基本功，同时加强在寒冷环境中的练习，这对于精神的锻炼也很重要。

三、剑道的训练原则

（一）导向激励与健康保障原则

在剑道训练过程中要设置一定的目标导向，激励运动员积极参与，为其训练创造一定的内部驱动力。同时在训练过程中，为运动员身心健康提供有力的保障也十分重要，健康的身体是保持训练和取得优异成绩的基础。

（二）竞技需要与因材施教原则

根据剑道比赛的特点，从实际出发，针对每位运动员的个性特征，科学地安排训练过程的周期，以及训练的内容、方法、手段和负荷，有针对性地进行训练，这就是竞技需要与因材施教原则。

（三）系统持续与周期安排原则

系统持续与周期安排原则是指运动员系统持续地从事运动训练，并充分做出周期性安排。系统持续的训练是取得理想训练效果的必要条件，因为人体对运动训练负荷的适应需要各个系统、器官、肌肉甚至细胞的变化逐步去适应，这是一个长期的过程。同时运动训练所带来的效果是不稳定的，当训练的系统性和持续性遭到破坏，训练效果也会消退甚至完全消失，所以在训练过程中要坚持系统持续的训练原则。人体在训练负荷下的生物适应过程不仅是长期的，同时也是分阶段进行的，因此我们也要在训练过程中做好周期安排。

（四）适宜负荷与适时恢复原则

根据运动员的现实可能和人体机能的适应规律，以及提高竞技能力的需要，在训练过程中应给予运动员适宜量度的负荷，负荷后要及时消除训练中的疲劳，通过机体适应过程，取得理想的训练效果和提高运动员的竞技能力，这就是适宜负荷与适时恢复原则。

第二节　剑道基本技术之九刀十三式

正确使用木刀对剑道爱好者更好地了解木刀的使用方法、提升剑道技术是非常有帮助的。下面以九刀十三式为例，介绍剑道的基本技术。

一、九刀十三式总体的动作要领

（一）实战姿势

九刀十三式所有的实战姿势都是运用中段实战姿势。

中段实战姿势是右脚略向前，左拳在肚脐前约一拳，左手拇指的第二指节与肚脐同高，放在正中线上。木刀尖在一足一刀的间距，其延长线针对对方双眼中央或左眼的方向。

实战姿势解除的方法为木刀尖自然地向右斜方下落，降至对手膝关节以下 3~6cm 处，相当于下段实战姿势的程度，此时的木刀脱离对手的身体，刀刃向左斜下方。

（二）眼法

以对方的眼睛为中心看对方的整体，互视对方双眼。

（三）间距

站立时双方的间距大约是 9 步，双方同时前进 3 步后拔出木刀做蹲踞，以及做完技术后的间距是双方的木刀尖端相交间距。

一足一刀的间距根据个人的体格、肌力、技术水平等而有所差异。

（四）打击

打击时气势充实，刃筋正确，用木刀的有效部位打击。后脚跟进一拍，在完成打击部位的一寸前停止，对木刀的劈、刺技术要充分理解。

做打击动作时要集中注意力，发现陪练方给出的破绽时，要抓住时机，正确发声打击。

（五）步法

打击时的步法以滑步为主。

（六）发声

打击时发声：MEN、KOTE、DO、TUSKI。

（七）残心

打击后，不可大意，应正对对手，一边思考间距一边回到中段实战姿势，显示残心。

二、九刀十三式具体招式

预备式如图 5.2.1 至图 5.2.8 所示。

图 5.2.1　预备式 1

图 5.2.2　预备式 2

图 5.2.3　预备式 3

图 5.2.4　预备式 4

图 5.2.5　预备式 5

图 5.2.6　预备式 6

图 5.2.7　预备式 7

图 5.2.8　预备式 8

（一）基本一：一本技——正面、小手、胴（右胴）、突

1. 一本打技"正面"

双方以右脚"行步"向前前进 3 步，进入"一刀一足的距离"之后，攻方在大声喊出"MEN（面）"的同时，打击守方的正面。

九刀十三式之基本一

（1）在滑出右脚的同时，双手高高举起剑，此时双肘应打开至能看到对方全身的程度，刀身要正。举剑时，不要让剑尖的高度低于双拳的高度。

（2）守方在给予攻方打击机会时，剑尖稍稍向右偏一点。

（3）打击完毕后，攻方后退一步做出残心，然后再后退一步回到"一刀一足的距离"。

2. 一本打技"小手"

从"一刀一足的距离"开始，攻方在大声喊出"KOTE（小手）"的同时，打击守方的小手。

（1）举剑打击小手时，双肘应打开至能看到对方右小手的程度。

（2）守方在给予攻方打击机会时，刀尖应稍稍抬高一点。

（3）打击完毕后，攻方后退一步做出残心，然后再后退一步回到"一刀一足的距离"。

3. 一本打技"胴（右胴）"

从"一刀一足的距离"开始，攻方在大声喊出"DO（胴）"的同时，打击守方的右胴。

（1）高高举起剑后，双手从头顶滑下进行打击，注意刀身要正。打击时身体在前进的同时要始终正对对手。

（2）守方在给予攻方打击机会时，要抬起双臂。

（3）打击完毕后，攻方后退一步做出残心，然后再后退一步回到"一刀一足的距离"。

4. 一本打技"突"

从"一刀一足的距离"开始，攻方在大声喊出"TSUKI（突）"的同时，刺击守方的咽喉部位。

（1）关于刺击技，初学阶段要尽量掌握基本技术，不要用手打击，而要以腰为中心使整个身体前进，刺击对方的咽喉部，然后迅速收回手。

（2）守方在给予攻方打击机会时，剑尖稍稍偏向右下，同时后退一步让对方刺击。

（3）刺击完毕后，攻方后退一步做出残心，然后再后退一步回到原位。同时守方配合攻方前进一步回到原位。

上述动作结束之后双方解除架式，从左脚开始以"行步"后退5小步回到立会的距离，恢复中段式。基本一招式如图5.2.9至图5.2.17所示。

图 5.2.9　基本一招式 1

图 5.2.10　基本一招式 2

图 5.2.11　基本一招式 3

图 5.2.12　基本一招式 4

图 5.2.13　基本一招式 5

图 5.2.14　基本一招式 6

图 5.2.15　基本一招式 7

图 5.2.16　基本一招式 8

图 5.2.17　基本一招式 9

（二）基本二：连续技——小手→面

九刀十三式之
基本二

双方从右脚开始以"行步"前进 3 步，进入"一刀一足的距离"后开始动作。

（1）攻方在右脚滑出一步的同时举起剑，打击守方的右小手，守方后退时右脚再滑出一步打击对方正面。

（2）受击时，守方先将剑尖稍稍抬起使对方打击右小手，然后左脚后退一步同时剑尖稍稍向右打开，让对方打击自己正面。

（3）打击完毕后，攻方后退一步做出残心，然后再后退一步回到"一刀一足的距离"。之后，攻方后退一步，同时守方前进一步回到原位。

上述动作结束之后双方解除架式，从左脚开始以"行步"后退 5 小步回到立会的距离，恢复中段式。基本二招式如图 5.2.18 至图 5.2.24 所示。

图 5.2.18　基本二招式 1

图 5.2.19　基本二招式 2

图 5.2.20　基本二招式 3

图 5.2.21　基本二招式 4

图 5.2.22 基本二招式 5

图 5.2.23 基本二招式 6

图 5.2.24 基本二招式 7

（三）基本三：拨击技——拨击面

双方从右脚开始以"行步"前进 3 步，进入"一刀一足的距离"后开始动作。

九刀十三式之
基本三

（1）攻方右脚滑出一步，同时以木刀的表镐向左再向上拨击，在破坏对方的架势后直接打击对方正面。

（2）打击完毕后，攻方后退一步做出残心，然后再后退一步回到原位。

上述动作结束之后双方解除架式，从左脚开始以"行步"后退 5 小步回到立会的距离，恢复中段式。基本三招式如图 5.2.25 至图 5.2.31 所示。

图 5.2.25 基本三招式 1

图 5.2.26 基本三招式 2

图 5.2.27　基本三招式 3

图 5.2.28　基本三招式 4

图 5.2.29　基本三招式 5

图 5.2.30　基本三招式 6

图 5.2.31　基本三招式 7

（四）基本四：退击技——退击胴（右胴）

双方从右脚开始以"行步"前进 3 步，进入"一刀一足的距离"后开始动作。

（1）攻方在右脚滑出一步的同时打击守方正面，守方以表镐格挡，随后双方稍稍前进互相交锷，此时攻方将对方的刀锷向下压。

（2）守方回抬刀锷将手抬起的时候，攻方乘机撤回左脚同时举剑，再撤回右脚同时打击对手的右胴。

（3）打击完毕后，攻方后退一步做出残心，然后再后退一步回到原位。

上述动作结束之后双方解除架式，从左脚开始以"行步"后退 5 小步回到立会的距离，恢复中段式。基本四招式如图 5.2.32 至图 5.2.39 所示。

图 5.2.32　基本四招式 1

图 5.2.33　基本四招式 2

图 5.2.34　基本四招式 3

图 5.2.35　基本四招式 4

图 5.2.36　基本四招式 5

图 5.2.37　基本四招式 6

图 5.2.38　基本四招式 7

图 5.2.39　基本四招式 8

(五)基本五:躲闪技——面躲闪击胴(右胴)

九刀十三式之
基本五

双方从右脚开始以"行步"前进 3 步,进入"一刀一足的距离"后开始动作。

(1)守方在右脚踏出一步的同时打击攻方正面。攻方右脚稍稍向右前方斜进,同时举剑打击对方右胴,刀身要正,此时攻方眼神应始终注视对方。

(2)守方打完面后停止动作,并保持打完面的姿势,攻方打完右胴后停止动作并保持打完胴的姿势。

(3)打击完毕后双方正对对方同时后退一步,攻方做出残心,然后双方同时向左移动回到原位。

上述动作结束之后双方解除架式,从左脚开始以"行步"后退 5 小步回到立会的距离,恢复中段式。基本五招式如图 5.2.40 至图 5.2.45 所示。

图 5.2.40　基本五招式 1

图 5.2.41　基本五招式 2

图 5.2.42　基本五招式 3

图 5.2.43　基本五招式 4

图 5.2.44　基本五招式 5

图 5.2.45　基本五招式 6

(六）基本六：擦击技——小手擦击面

九刀十三式之
基本六

双方从右脚开始以"行步"前进3步，进入"一刀一足的距离"后开始动作。

（1）守方在右脚滑出一步的同时打击攻方右手小手。攻方左脚后退一步，同时用自己木刀的里镐向上擦击对方木刀，然后抓紧机会右脚滑出一步打击对方正面。

（2）守方被擦击的小手的剑尖自然地偏离对手体侧。

（3）打击完毕后攻方做出残心，双方后退一步回到原位。

上述动作结束之后双方解除架式，从左脚开始以"行步"后退5小步回到立会的距离，恢复中段式。基本六招式如图5.2.46至图5.2.53所示。

图5.2.46　基本六招式1

图5.2.47　基本六招式2

图5.2.48　基本六招式3

图5.2.49　基本六招式4

图5.2.50　基本六招式5

图5.2.51　基本六招式6

图 5.2.52　基本六招式 7

图 5.2.53　基本六招式 8

（七）基本七：出端技——出端小手

九刀十三式之
基本七

双方从右脚开始以"步足"前进 3 步，进入"一刀一足的距离"后开始动作。

（1）守方右脚略向前迈出，做出即将打击的样子，稍稍抬起剑尖"起刀"，此时攻方右脚踏出一步，以小动作准确、迅速地打击对方右小手。

（2）打击完毕后攻方后退一步做出残心，然后再后退一步。守方同时收回右脚回到原位。基本七招式如图 5.2.54 至图 5.2.59 所示。

图 5.2.54　基本七招式 1

图 5.2.55　基本七招式 2

图 5.2.56　基本七招式 3

图 5.2.57　基本七招式 4

图 5.2.58　基本七招式 5

图 5.2.59　基本七招式 6

（八）基本八：返击技——面返击胴（右胴）

双方从右脚开始以"步足"前进 3 步，进入"一刀一足的距离"后开始动作。

九刀十三式之基本八

（1）守方右脚踏出一步，同时打击攻方正面。攻方右脚稍稍向右前方斜进，同时用木刀的表镐迎向对方的木刀，然后抓紧时机转动手腕，向右前方斜踏出，同时打击对手的右胴，刀身要正，此时眼神应始终注视对方。

（2）守方打完面后停止动作，并保持打完面的姿势。攻方打完右胴后停止动作，并保持打完胴的姿势。

（3）打击完毕后攻方后退一步做出残心，然后再后退一步。双方同时向左移动回到原位。基本八招式如图 5.2.60 至图 5.2.67 所示。

图 5.2.60　基本八招式 1

图 5.2.61　基本八招式 2

图 5.2.62　基本八招式 3

图 5.2.63　基本八招式 4

图 5.2.64　基本八招式 5

图 5.2.65　基本八招式 6

图 5.2.66　基本八招式 7

图 5.2.67　基本八招式 8

（九）基本九：打落技——胴打落击面

九刀十三式之
基本九

双方从右脚开始以"步足"前进 3 步，进入"一刀一足的距离"后开始动作。

（1）守方右脚踏出一步，同时打击攻方右胴。攻方左脚稍向左斜后方移动，同时用自己木刀刀刃部分向右斜下方打落对方的木刀，然后抓紧时机踏出右脚打击对方正面。

（2）打击完毕后双方正对对方同时后退一步，攻方做出残心。双方同时向右移动回到原位。基本九招式如图 5.2.68 至图 5.2.77 所示。

图 5.2.68　基本九招式 1

图 5.2.69　基本九招式 2

图 5.2.70　基本九招式 3

图 5.2.71　基本九招式 4

图 5.2.72　基本九招式 5

图 5.2.73　基本九招式 6

图 5.2.74　基本九招式 7

图 5.2.75　基本九招式 8

图 5.2.76　基本九招式 9

图 5.2.77　基本九招式 10

第三节　剑道基本技术的运动生物力学特征

剑道是一种重视身心合一、注重技巧性的运动，其运动生物力学特征主要包括以下几个方面：

一、姿势和平衡

剑道运动员在进行各种动作时，需要保持正确的姿势和平衡，以确保剑道技术的准确性和有效性。良好的姿势和平衡可以帮助剑道运动员在使用各种剑道技术时减少不必要的身体移动和能量损失，从而提高动作的效果和质量。

二、动作的速度与力量

剑道运动中动作的速度和力量是非常重要的运动生物力学因素。剑道运动员需要在不同的情况下调整剑的速度和力量，以达到最佳的效果。例如，在进行攻击时，剑道运动员需要快速、有力地挥剑，以增加攻击的威力。而在进行防御时，则需要轻盈、灵活地移动身体和剑，以避免对方攻击。

三、肌肉协调

剑道运动员需要通过肌肉协调来完成各种剑道技术。例如，在进行攻击时，需要通过手臂、肩膀和躯干肌肉的协同作用，产生高速度和强力的攻击力。在进行防御时，需要通过躯干、臀部和腿部肌肉的协同作用，保持平衡和迅速移动。

四、神经控制

剑道运动员需要通过神经控制来实现各种剑道技术。例如，在进行攻击时，剑道运动员需要通过大脑的控制来实现剑的准确操作。在进行防御时，则需要快速、准确地应对对方的攻击，通过神经信号的传递来控制身体和剑的操作。

五、动量守恒和能量转化

在进行剑道运动时，动量守恒和能量转化也是非常重要的运动生物力学原理。例如，在进行攻击时，剑道运动员需要通过身体的转移来增加攻击力量，并将剑的动能转化为对目标的攻击。在进行防御时，则需要通过身体的转移来减少攻击的力量，并将对方的攻击能量转化为自己的防御能量。

六、时相划分

时相划分是指将一个运动或动作的时间过程分成若干个阶段或时相，并对每个时相进行描述、分析和比较。在运动生物力学中，时相划分是一种常用的分析方法，可以帮助我们更好地理解和描述运动或动作的各个阶段和特点，从而为改善和优化运动技能提供参考。

（一）"men"的时相划分

（1）入位：在进攻前，剑手需要站稳脚步，调整姿势，保持身体平衡。

（2）挥剑：剑手向目标的头部挥动剑，迅速而有力地击中目标。

（3）瞄准：剑手必须在攻击前瞄准目标，确保剑击中目标的头部，而不是其他部位。

（4）摆动：在挥剑时，剑手需要使剑刃尽可能地保持与地面平行，并保持相对稳定的状态，以确保攻击的准确性和力量。

（5）姿态调整：在攻击完成后，剑手需要及时调整自己的持剑姿势和站姿，以便能够做出下一步动作或对抗对手的反击。

（二）"kote"的时相划分

（1）入位：在进攻前，剑手需要站稳脚步，调整姿势，保持身体平衡。

（2）挥剑：剑手向目标的手腕或前臂挥动剑，迅速而有力地击中目标。

（3）瞄准：剑手必须在攻击前瞄准目标，确保剑击中目标的手腕或前臂，而不是其他部位。

（4）摆动：在挥剑时，剑手需要使剑刃尽可能地保持与地面平行，并保持相对稳定的状态，以确保攻击的准确性和力量。

（5）姿态调整：在攻击完成后，剑手需要及时调整自己的姿势和站姿，以便能够做出下一步动作或对抗对手的反击。

（三）"do"的时相划分

（1）入位：在进攻前，剑手需要站稳脚步，调整姿势，保持身体平衡。

（2）挥剑：剑手向目标的躯干部分挥动剑，在攻击时，剑手需要快速加速并通过调整肩部和腕部的力量，使剑刃的切割效果最大化，迅速而有力地击中目标。

（3）瞄准：剑手必须在攻击前瞄准目标，确保剑击中目标的躯干部分，而不是其他部位。

（4）摆动：在挥剑时，剑手需要使剑刃尽可能地保持与地面平行，并保持相对稳定的状态，以确保攻击的准确性和力量。

（5）姿态调整：在攻击完成后，剑手需要及时调整自己的姿势和站姿，以便能够做出下一步动作或对抗对手的反击。

（四）"Tsuki"的时相划分

（1）准备姿势：在进攻前，剑手需要通过调整姿势来确保身体平衡和稳定，并将身体朝向对手。

（2）目标瞄准：剑手需要瞄准对手的喉部或胸部，确定最佳攻击位置，并调整自己的距离和角度，以达到最佳攻击状态。

（3）瞄准和移动剑：剑手需要瞄准攻击目标，同时通过移动剑来使攻击更加准确和有力。

（4）执行"tsuki"动作：剑手需要迅速向前推进，同时将剑刺向对手的喉部或胸部。剑手需要保持身体的平衡和稳定，以避免攻击不准确或力量不足。

（5）收回剑：在攻击完成后，剑手需要通过收回剑来避免被对手抓住机会攻击。同时也需要通过保持身体平衡来保护自己。

在"Tsuki"动作中，剑手特别需要注意保持身体的平衡和稳定，同时确保剑刃的刺入深度足够，以达到最大的攻击效果。

➤ 复习思考题

1. 简述剑道基本技术的主要内容。
2. 简述九刀十三式总体的动作要领。
3. 简述剑道运动生物力学特征。
4. 简述九刀十三式总体的动作要领。

第六章 剑道运动损伤预防、处理与治疗

> **本章提要**
>
> 剑道项目常见的运动损伤包括软组织损伤、骨损伤、解剖区域特定损伤及中暑风险。本章在介绍剑道运动损伤成因的同时,还介绍了运动损伤的预防措施及出现运动损伤后的急救措施和治疗手段。通过本章的学习,学生能够掌握剑道运动损伤的预防与急救知识,能够安全地进行剑道运动。

第一节 剑道运动损伤预防

一、剑道运动常见损伤及其原因

剑道运动的特点是对战双方的身体对抗性强,在实战过程中运动强度大、竞争激烈,身体负荷比较重。如果参与者没有达到一定的技术水平或者没有正确的预防措施,就很容易发生各种运动损伤。

全美剑道联合会和世界剑道联合会曾对 500 名活跃成员做过一份在线问卷调查,该问卷基于 NCAA 伤害监测系统,对剑道练习者比赛和练习期间受伤的位置和类型、训练时间损失及竞争对手人口统计数据等问题进行了调查,发现剑道损伤类型分为一般软组织损伤和骨损伤,以及解剖区域特有的损伤。除此以外,还有学者发现剑道练习中还会出现中暑的风险。

在软组织损伤中,最常见的是扭伤/拉伤(29.1%)、挫伤(23.7%)和擦伤

（11.9%）。大多数损伤发生在练习期间：脚/脚踝部位（87.9%）、手腕/手部位（89.9%）、肘部/前臂部位（92.2%）。扭伤和拉伤是最常见的损伤类型。首先，扭伤和拉伤最容易发生在练习者的腿部和脚部，因为这项运动是赤脚进行的高强度对抗性项目，无论前进进攻，还是后退防守，都需要腿脚快速有力的移动。当冲击力超过腿脚部肌肉承受范围，往往会发生肌肉拉伤或膝、踝关节扭伤，严重的时候，在受到撞击急速后退时或者急速后退打击时，后脚跟腱易出现断裂。其次，扭伤和拉伤容易发生在手腕部。剑道中，大量的运动技巧都需要使用手腕，如果使用不当就会出现手腕扭伤。造成手腕扭伤的原因可以是使用不正确的武器握法，也可以是使用过多的力量。最后，剑道运动员的颈部、躯干和手臂附近的软组织也会受到损伤，主要是由于错误的打击，即打击时没有准确地打击在护具击打区域而是打到了身体上，形成软组织损伤，这是剑道运动挫伤和擦伤等损伤发生的原因。与大多数运动一样，剑道热身活动不充分，人体的神经、肌肉、关节、韧带等在还未激活的状态下就剧烈运动，极易发生损伤。

在骨损伤中，与跆拳道和泰拳的受伤率不同，骨折是剑道业余和专业人士伤情报告中的最低常见伤害。尽管参与者用剑以很大的力量互相撞击，但骨折率仍然很低。这可能是由于广泛使用防护设备，包括带有金属面罩的头盔、加强的胸部和手腕保护。

除了损伤的一般解剖分布外，每个身体区域还有特有的损伤，其中最常见的是外上髁炎（39.1%），跟腱炎（19.5%）和足底筋膜炎（21.8%）。在业余运动员中，足底筋膜炎（46.3%）最常见，这是因为剑道运动员在进攻打击时，必须要有有力的踏步，才算有效打击。有研究报告，剑道运动员在进行踏步打击的瞬间，足底是以约四倍于体重的平均力在撞击地板，如果没有掌握好踏步技术，而长时间使用不正确的踏步技术进行练习或比赛，很容易造成足底筋膜炎、跟腱炎这样的慢性损伤。而在职业运动员中，外上髁炎（36.6%）最常见，这是由于剑打击时，前臂总是做旋前、腕关节主动背伸，易产生急性扭伤或慢性劳损，引起附着于肱骨外上髁处的一些纤维的不全撕裂及骨膜的炎性反应。这些损伤大多数情况下并不是在比赛中遭受的急性创伤性损伤，而是炎症过程，通常是过度使用损伤或拉伸不当的结果。

除了身体部位的损伤，剑道练习中使用强制性装备（全身护具）会显著提高身体温度，容易出现中暑症状，即使出汗率和失水率较低，护具的穿戴使得皮肤蒸发表面几乎完全阻塞从而导致热量积聚。高温高湿情况下，剑道练习者会出现热应激和脱水的状况，也就是热中症，俗称中暑，有时甚至会死亡。

二、剑道运动损伤预防措施

剑道是一项高强度的运动，如果参与者没有正确的预防措施，极容易发生各种运动损伤，以下是剑道运动损伤的预防措施。

（一）正确的热身方法

在剑道运动之前进行热身是非常重要的。跑步、激痛点按摩和动静态拉伸等都是非常有效的热身方法，采用正确的热身运动量也是十分必要的，这需要在教练的指导下进行。

（二）逐渐增加强度

剑道技巧练习需要循序渐进，防止过多的重复运动，逐渐增加强度和挑战。同时还需要注意训练量，不要过度练习，避免出现运动伤害。

（三）合理安排间歇时间

练习不要长时间持续，要适时取下面具，定期休息，休息期间补充足够的水（1次200ml左右），盐分会随着汗水中的水分流失，所以运动饮料是最好的盐分补充源，它既能补充能量，也能防止中暑。

（四）正确的打击姿势

正确的打击姿势是防止运动损伤的关键，合理、规范的技术能够保证运动员顺利完成技术动作，充分发挥运动员的运动能力，这也是剑道运动员战胜对手、赢得比赛的关键要素之一。剑道运动员应对动作技术多加练习、合理使用，要注意在平时的训练和比赛过程中全面、规范地使用技术动作，并应该学习和练习正确的姿势和技巧，以避免过度用力或失误而造成损伤。

（五）着装完好

正确地穿着完好的剑道服和装备可以有效地防止运动损伤，同时还需要留意用于保护头部和脚部的装备是否完整、没有残破。

（六）慢速训练

参与者应该先进行慢速训练，掌握技巧，然后逐渐加快训练速度和强度，以保证技巧运用的正确性，同时防止运动伤害。

（七）加强体能训练

剑道是一项高强度的运动，参与者应该保持健康的体魄，饮食均衡，对容易受伤的踝关节、膝关节、足部、手腕等部位，应该加强力量训练，以保证其发挥最佳状态。

综上所述，正确的热身和训练方法、正确的姿势技巧、完好的装备，还要注意加强体能训练以保持健康体魄，这些都是预防剑道运动损伤的关键。

第二节　剑道运动损伤处理与治疗

一、急救措施（第一次救命措施）

对在剑道比赛、练习中发生的伤害者的急救处理，是到医疗机构接受正规医疗之前的应急处理，是非常关键的，俗称"第一次救命措施"。第一次救命措施是最重要的，应先判断紧急性，然后根据TPO原则进行应急处置并进行急救联络（拨打120等），或将其送往医疗机构。

TPO是时间、地点、场合三个英文单词的首字母缩写。

T（Time）：发生时间。

P（Place）：障碍部位和发生场所。

O（Occasion）：场合、原因（障碍、疾病的起因和性状）。

二、检查要点的判断

检查要点：运动损伤→检查脸色→生命体征检查（体温、脉搏、呼吸）→意识的检查。

（一）观察和处理脸色和表情

（1）发绀（暗紫色）：有适用初级救命措施的可能性。

（2）苍白：为维持头部的血液循环，应采取水平仰卧位（朝向头部）或头低脚高的体位。

（3）潮红：使头部抬高。

（二）检查生命体征

体温、脉搏、呼吸这三个信号是最简单的生命维持功能的征兆，也是反映人体运动和变化过程的指标。

(三) 检查意识

根据各种刺激（如说话、接触体表、捏皮肤、运动功能等）的反应，来评估意识障碍的等级（昏迷、迷糊、嗜睡）。如果确认有意识障碍，就必须呼叫救护车，同时做心肺复苏。

三、一般急救原则

一般急救采用 RICE 原则。

RICE 是休息、冰敷、压迫、抬高四个英文单词的首字母缩写。

(一) R (Rest)

R 代表休息，就是在受伤后进行充分休息，能够保护肌肉、跟腱和其他组织，防止伤势进一步恶化。此外，休息是运动伤害复原所必需的，也是首要条件。

(二) I (Ice)

I 代表冰敷，冰敷时常用冰袋或碎冰，冰敷时切勿将冰块直接放置在皮肤表面，每次 10~20min，然后取下 5~10min，如此反复可以防止组织损伤，促进愈合。

(三) C (Compression)

C 代表压迫，压迫通常在受伤后进行，持续 24~48h。压迫可以减轻肿胀，并且可以对四肢施压，增大组织压力，进而减少出血。

(四) E (Elevation)

E 代表抬高，是将伤部抬到比心脏高的位置，可以帮助伤者组织液回流，减轻肿胀和疼痛。

四、中暑时的急救措施

(一) 搬

搬是指迅速将中暑的伤者搬到阴凉通风的地方，并使其平躺，用扇子或电扇为他（她）扇风，脱掉护具，解开衣领裤带，以利其呼吸和散热。

（二）擦

擦是指用冷水或者稀释的酒精帮伤者擦身，也可用冷水淋湿的毛巾或冰袋、冰块放在伤者颈部、腋窝或大腿根部腹股沟处等大动脉血管部位，来帮助伤者散热。

（三）服

服是指练习者在感到不适时及时服用人丹、十滴水、藿香正气水等解暑药，并多喝一些淡盐水，来补充流失的体液。

（四）掐

若伤者一直昏迷不醒，可用大拇指按压伤者的人中和合谷等穴位。救醒后的伤者必须在凉爽通风处静卧休息，若再次回到炎热的环境，会引起比之前更严重的后果。

中暑一旦不及时治疗，是相当危险的，在天气炎热的情况下，剑道练习量要从小开始，慢慢增加到适应炎热为止，身体一旦适应了高温就不容易中暑。

五、慢性损伤治疗

（一）物理方法

物理方法是剑道运动员运动损伤中最常用的治疗办法，具体方法有很多种。例如，采用冰敷患处、穴位按摩、穴位针灸和功能锻炼等方法，以促进血液循环，恢复关节活动，加速再生修复，增强肌肉力量。

（二）药物治疗方法

药物治疗普遍应用于剑道运动员的运动损伤治疗过程。主要有宜祛瘀活血、消肿止疼的药物，如外用消肿止疼酊、红花油、活络油等，内服跌打丸、舒筋活血丸、大活络丹；疼痛严重的可服止痛片、保泰松片、罗非昔布等。

（三）恢复性训练

剑道运动员受伤后的恢复性训练是运动员康复治疗中最重要的阶段。恢复性训练可以与平时的训练相结合，不过在训练方法和训练强度上要有所区别，可以从身体未受伤部位的低强度训练开始，以慢慢适应前期因为受伤没有进行的身体训练，起到过渡的作用。在适应过程结束后开始逐渐增加训练的强度，达到保持运动员的体能水平和技术能力的作用。同时，当受伤部位可以参与训练时也可采用同样的方法，逐渐增加训练强度，避免受伤部位再度发生运动损伤。

（四）动态评估

定期进行自我观察和医疗专业人员动态评估，可以及时发现和处理损伤，有助于加快康复进程。

以上措施仅作为剑道慢性损伤治疗与康复的一些参考，具体实施应该根据伤者的特定情况制订具体的康复计划。为了预防剑道运动慢性损伤的发生，运动前需要充分热身，避免过度和错误的动作。

▶ 复习思考题

1. 简述剑道运动中常见的运动损伤及成因。
2. 简述剑道运动中预防运动损伤的措施。
3. 简述剑道运动中中暑时的急救措施。

第七章 剑道运动竞赛规则（选编）

> **本章提要**

本章介绍了剑道运动的比赛规则。第一节介绍了剑道运动竞赛的通则；第二节介绍了剑道裁判人员的组成及其职责；第三节介绍了剑道运动技法要求、比赛事项、得分标准与判罚；第四节是最新剑道暂定比赛办法。通过本章学习，学生能够了解剑道比赛的规则，了解剑道裁判人员的组成及其职责，明确剑道得分与判罚的相关知识。

第一节 通 则

第一条 竞赛性质

团体赛、个人赛。

第二条 竞赛办法

适用于淘汰赛、循环赛。

第三条 参赛资格

运动员赛前必须提交本人15天以内县级以上医院出具的包括脑电图、心电图、血压、脉搏等指标在内的体格检查证明；运动员赛前必须提交参赛的人身保险证明。

第四条 抽签

（一）抽签由编排记录组负责，由仲裁委员会主任、总裁判长及参赛队的教练员或领队参加。

（二）由各队教练员或领队为本队运动员抽签。

第五条 服装、护具和竹剑

（一）运动员必须穿大会规定的剑道着装，剑道的着装由剑道上衣和裤裙组成。

（二）运动员必须穿戴大会规定的护具。剑道护具由头盔（MEN）、手套（KOTE）、护甲（DO）、腰垂（TARE）组成。

（三）竞赛场上统一使用大会规定的竹剑。竹剑的材质应是竹子，或是由大会认可的代替竹子的化学制品。

1. 竹剑应有分开4根的结构，不允许把异物（除了尖端皮革内的芯、柄头的小铁片以外）放在里面。竹剑各部分的名称见第二章图2.3.1所示。

2. 竹剑的标准分一剑和二剑的情况，如表7.1.1及表7.1.2所示。表中的长度包括附件的厚度，重量不包括竹剑护手。竹剑的粗细以尖端皮革的最小直径为基准。

表 7.1.1　竹剑的标准（一剑的情况）

类别	性别	初中生	高中生	大学生、成人
长度	男女通用	114cm 以下	117cm 以下	120cm 以下
重量	男性	440g 以上	480g 以上	510g 以上
	女性	400g 以上	420g 以上	440g 以上
粗细	男性	25mm 以上	26mm 以上	26mm 以上
	女性	24mm 以上	25mm 以上	25mm 以上

表 7.1.2　竹剑的标准（二剑的情况）

类别	性别	大学生、成人	
		长剑	短剑
长度	男女通用	114cm 以下	62cm 以下
重量	男性	440g 以上	280~300g
	女性	400g 以上	250~280g
粗细	男性	25mm 以上	24mm 以上
	女性	24mm 以上	24mm 以上

3. 竹剑护手应为皮革或者化学制品，圆形，直径9cm以下。必须在竹剑上安装护手。

第六条 比赛场地

比赛场地的地面应该铺有木地板。

（一）比赛场地为含边界线宽度边长是9~11m的正方形或长方形。

（二）比赛场地规格（图7.1.1）以×形为中心，开始线以与中心距离相等的各1条线表示。原则上在比赛场外边设有1.5米以上的空余地带。每条线宽度在5cm至10cm之间，以白线为主。

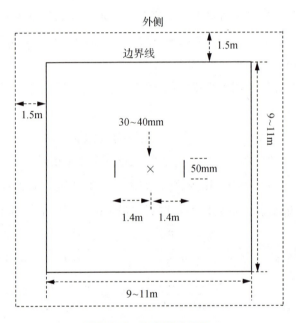

图7.1.1 比赛场地规格

第七条 弃权

（一）比赛期间，运动员因伤病（需有医务监督员出具的诊断证明）作弃权论，不再参加后面场次的比赛，但已进入名次的成绩有效。

（二）赛前3次检录未到或检录后擅自离开，不能按时上场者，作无故弃权论。比赛期间，运动员无故弃权，取消本人全部成绩。

第八条 竞赛中的礼节

（一）比赛开始前，运动员在相隔9步的位置站立后，互相持剑行上半身前倾15°的目视礼。场上主裁判示意"预备"时，双方运动员同时向前三步在开始线前拔剑做蹲踞；主裁判员发出开始（HAJIME）口令，双方运动员立刻站立，比赛开始。

（二）宣布比赛结果前，双方运动员回到各自的开始线。宣布比赛结果后，双方运动员做蹲踞后收剑，同时后退三步站立，互相持剑行上半身前倾15°的目视礼。

（三）比赛开始前和最后决赛前，场上的裁判员和运动员要面向主席台同时行上半身前倾30°的立礼。

第九条　竞赛中的有关规定

（一）临场执行裁判员应该集中精力，不得与其他裁判员交谈，未经裁判长许可不得离开席位。

（二）运动员必须遵守规则和比赛礼仪，尊重和服从裁判员；在场上不得做出吵闹、谩骂、甩护具和竹剑等任何表示不满的行为；未宣布比赛结果前，运动员不得退场（因伤需急救者除外）。

（三）比赛时，每名教练员只能代表所报名单位，坐在指定位置进行出场指导，并只能带一名队医或助手协助工作。

（四）运动员严禁使用兴奋剂。

第二节　裁判人员的组成及职责

第十条　裁判人员的组成

（一）总裁判长1人，副总裁判长1~2人。

（二）裁判长、副裁判长各1人。

（三）场上主裁判员1人、副裁判员2人。

（四）记录员、示分员、计时员各1人。

（五）编排记录长1人。

（六）检录长1人。

第十一条　辅助裁判人员的组成

（一）编排记录员1~2人。

（二）检录员4~6人。

（三）医务监督员1人，医务人员2~3人。

（四）宣告员1~2人。

（五）电子计分系统操作员2~3人。

第十二条　裁判人员的职责

（一）总裁判长。

1. 负责组织裁判人员学习竞赛规程、规则和裁判法。

2. 检查落实场地、器材、比赛用具、抽签、编排等有关竞赛的准备工作。

3. 根据竞赛规程、规则的要求，解决竞赛中的有关问题，但不能修改竞赛规程和规则。

4. 每场比赛，运动员因弃权变动秩序，应及时通知裁判长、编排记录长和宣告员。

5. 比赛中指导各裁判组的工作，根据需要可以调动裁判人员。

6. 负责检查裁判员执行规则的情况。裁判组出现有争议的问题，有权做出最后决定。

7. 审核、签署和宣布比赛成绩。

8. 向大会递交书面总结。

（二）副总裁判长。

协助总裁判长工作，总裁判长缺席时，可代行其职责。

（三）裁判长。

1. 负责本组裁判员的学习和工作安排。

2. 比赛中监督和指导裁判员、计时员、记录员。

3. 裁判长应该辅助总裁判长，拥有处理其担任的比赛场内所有相关事宜的权利。

4. 每场比赛结束后，审核比赛成绩并签名。

（四）副裁判长。

协助裁判长工作，根据需要可以兼任其他裁判员的工作。

（五）场地裁判。

1. 检查场上运动员的护具，保障比赛安全。

2. 用口令或旗子指挥运动员进行比赛。

3. 场地裁判由 1 名主裁判员、2 名副裁判员组成，对于有效打击及其他判定都具有同等的权利。主裁判员拥有处理其担任的比赛场内所有相关事宜的权利，以裁判旗（以下简称为旗子）表示、宣告有效打击、犯规等。副裁判员以旗子表示有效打击、犯规等，并且应辅助主裁判员进行比赛。但紧急时也可以表示、宣告比赛中止。

4. 主裁判员宣布比赛结果。

（六）记录员。

1. 赛前认真将有关信息填入记录表。

2. 根据场地裁判员的口令和旗子，记录运动员被警告、出界的次数。

（七）示分员。

1. 赛前认真将有关信息填入记录表。

2. 根据场地裁判员的口令和旗子，记录运动员得分情况。

（八）计时员。

1. 赛前检查哨子、计时员旗子、秒表等。

2. 负责比赛、暂停的记时。

（九）编排记录长。

1. 负责运动员资格审查，审核报名表。

2. 负责组织抽签，编排每场比赛秩序册。

3. 准备比赛中所需要的表格，审查核实成绩、录取名次。

4. 登记和公布各场比赛成绩。

5. 统计和收集有关资料，汇编成册。

（十）编排记录员。

根据编排记录长分配的任务进行工作。

（十一）检录长。

1. 赛前负责检查竹剑、护具。

2. 赛前 20min 负责召集运动员检录。

3. 检录时，如出现运动员不到或弃权等问题，及时报告总裁判长。

（十二）检录员。

根据检录长分配的任务进行工作。

（十三）宣告员。

1. 简要介绍竞赛规程、规则和有关宣传材料。

2. 介绍上场的裁判员、运动员。

3. 宣告评判结果。

（十四）医务监督。

1. 审核运动员《体检报告》。

2. 负责赛前对运动员进行体检抽查。

3. 负责临场伤病的治疗与处理。

4. 负责因犯规造成运动员受伤情况的鉴定。

5. 负责竞赛中的医务监督，对因伤病不宜参加比赛者，应及时向总裁判长提出其停赛建议。

6. 配合兴奋剂检测人员检查运动员是否使用违禁药物。

（十五）电子计分系统操作员。

负责与电子计分系统操作相关的工作。

第三节　技法要求、比赛事项、得分标准与判罚

第十六条　禁击部位

禁止打击的部位有后脑、颈部、裆部。

第十七条　比赛时间

比赛的时间以 5min 为标准，比赛延长时每次以 3min 为标准。但是，当主裁判员宣告有效打击或比赛中断后，重新恢复到开始之间的时间不计在比赛时间之内。

第十八条　比赛胜负

1. 比赛以 3 个回合为原则。若比赛主办方需要时，也可以是 1 个回合。

2. 比赛时间内先得 2 分者为胜者。若是一方先得 1 分后比赛时间到，那就以先得 1 分者为胜者。

3. 若在比赛时间内不能决定胜负，可以延长比赛，以先得 1 分者为胜者。或采用由裁判员判定（HANTEI）或抽签（CHUSEN）的方式决定胜负或平局（HIKIWAKE）。

4. 由判定或抽签决定胜负时，胜者得 1 分。

5. 由判定的方式决定胜负时，主要以技能的优劣判断，其次以比赛态度的好坏判断。

第十九条　团体比赛胜负

1. 胜者数方式：团体的胜负以胜者的多少决定。但胜者的人数相等时，以总分较多的团体为胜者。若总分也相等时，以代表赛决定胜负。

2. 胜者连赛方式：由单场获胜的选手连续比赛，决定团体的胜负。

第二十条　比赛的开始和结束

比赛的开始和结束应由主裁判员宣布。

第二十一条　比赛的中断和再开

比赛的中断由裁判员宣布，然后由主裁判员宣布开始比赛。

第二十二条　中止比赛的请求

比赛选手由于事故等原因不能继续比赛，可以请求中止比赛。

第二十三条　有效打击

以充实的气势和正确的姿势，用竹剑的有效部分顺着剑刃的方向（竹剑的打击方向与剑刃部的方向相同），打击有效部位，然后做残心（ZAN-SHIN）。

（一）以下的打击，可以判为有效。

1. 对手竹剑掉落时立即给予的打击。

2. 对手出界的同时立即给予的打击。

3. 对手摔倒时立即给予的打击。

（二）以下的情况，不可以判为有效。

1. 双方同时打出有效打击时（AI-UCHI）。

2. 被打的选手的剑尖接触对手的上半身前面的部分，并且裁判员判断被打的选手气势充实、姿势正确时。

第二十四条　竹剑的有效部分

竹剑的有效部分是"物打（MONOUCHI）"的刃部（竹剑弦的相反部分）。

第二十五条　有效打击部位

1. 头部（面 MEN）：头盔的上面及左右侧。

2. 前臂部（小手 KOTE）：右前臂及左前臂。

3. 腹部（胴 DO）：右腹部及左腹部。

4. 喉咙部（突 TUKI）：头盔的受刺部。

第二十六条　对裁判员或对手采取失礼的言行

1. 使用本规则指定以外的用具（违规用具）。

2. 故意用脚绊倒对手。

3. 把对手不正当地推出场外。

4. 比赛中自己走出场外。

5. 自己的竹剑掉落。
6. 不当地申请比赛中断。
7. 其他违反本规则的行为。

第二十七条 其他禁止行为

1. 用手抓住或拥抱对手。
2. 抓住对方的竹剑或者自己的竹剑刃部。
3. 用身体夹住对手的竹剑。
4. 用自己的竹剑故意压对手的肩膀。
5. 摔倒时不应付对手的攻击,如匍匐等行为。
6. 故意浪费时间。
7. 不当的"TSUBAZERIAI"(竹剑的护手相交)或打击。

第二十八条 场外

1. 一只脚完全出边界线外时。
2. 摔倒时,身体的一部分出边界线外。
3. 在边界线外,用身体的一部分或竹剑支撑自己身体时。

第二十九条 同时犯规而取消判定

1. 第一次,按红、白的顺序宣告犯规,然后取消双方的犯规。
2. 第一次以后,"取消犯规"的宣告和表示同时进行。

第三十条 处罚规定

1. 凡出现禁止行为的选手则被判定为负者,裁判员应给胜方2分,且命令犯规者退场。退场者的既得分数、既得权利则不予以认可。

2. 若是双方同时犯规则,双方均被判定为负者,双方的既得分数、既得权利均不予以认可。

3. 使用违规用具的选手则被判定为负者,裁判员应给胜方2分,且犯规者的既得分数、既得权利则不予以认可。

4. 凡使用违规用具的选手则不能继续比赛。若无特殊规定,团体赛替补选手可以参加比赛。

5. 若选手有2次犯规,裁判员应给对手1分。同一比赛中的犯规次数应累计。但若两者均有一次犯规后,当双方被判定同时犯规、均为负者时,则取消同时犯规的判定。

6. 若是双方先后出界，则判定先出界的选手犯规。
7. 若是裁判员取消有效打击判定，则不计为犯规。
8. 若是犯规后对方立即打击而被判为有效，则不计为犯规。

第三十一条　决定"有效打击"

2 名以上的裁判员表示"有效打击"时。

第三十二条　取消"有效打击"

1. 1 名裁判员表示"有效打击"，而其他裁判员表示"弃权"时。
2. 比赛者如有不适宜的行为，即使主裁判员宣告"有效打击"以后，经过裁判员合议也可以取消该宣告。

第三十三条　裁判员应按照以下方法进行裁判

1. 1 名裁判员表示"有效打击"时，其他裁判员应该立即表示自己的判断。
2. "有效打击"已确定或比赛中止时，主裁判员应让比赛者回到开始线，然后重新开始比赛。
3. 裁判员认为"犯规"时，应该立即中止比赛，然后用旗子表示"犯规"。若"犯规"的事实不明确，则通过合议决定。
4. 当选手竹剑的护手相交（TSUBSZERIAI）陷入焦灼状态时，主裁判员让比赛者当场分开，原地继续比赛。
5. 比赛者要求中止比赛时，主裁判员应宣告"中止"，然后询问其理由。
6. 通过判定的方式决定胜负时，主裁判员宣告判定后，裁判员应该同时用旗子表示自己的决定。

第三十四条　负伤或事故

当选手由于负伤或事故不能继续比赛时，裁判员应询问其原因，然后处理如下：

1. 判断伤者能否继续比赛时，裁判员应参考医生的意见，综合进行判断。
2. 如选手负伤不能继续比赛，其负伤的原因是由比赛的一方故意或过失引起的，即引起原因的一方为负者。若原因不明确时，以不能继续比赛的一方为负者。
3. 认定为负伤或事故的选手，通过医生与裁判员的判断决定是否可以参加此后的比赛。
4. 引发伤害而被判为负者的选手，不能参加此后的比赛。

第三十五条　提出合议、异议的事项

1. 裁判员需要合议时，应中止比赛，在赛场的中央进行合议。
2. 对于裁判员的判定，各方都不能提出异议。
3. 比赛团体的领队若对于实施规则有意见，在该比赛者的比赛结束之前，可以对裁判长提出异议。

第三十六条　宣告与裁判旗的表示

1. 裁判员对于开始、结束、重新开始、中止、分开、有效打击、胜败、合议、犯规等进行宣告，其要领见表7.4.1。若必要时，裁判员可以陈述其理由。
2. 裁判员对于中止、分开、有效打击、胜败、合议、犯规等判定用裁判旗进行表示。

第四节　最新剑道暂定比赛办法

一般比赛的时间约有一半是用在对锷竞争上，为解决不正当对锷、故意拖延时间、以防御的姿态来接近对手等问题，故对剑道比赛办法进行调整，以便选手能更专注于从适当的距离发动攻击。剑道比赛的胜负是很重要，但需要调整的是选手的心态，而不是修改规则，需要培养的是选手面对胜负的态度。关于对锷竞争是否对选手的态度和心理问题有很大的影响，仅凭规则是很难判断的，这点需要裁判和选手共同理解，并共同努力来营造良好的比赛环境。

一、剑道暂定比赛办法的内容

（一）意图拖延时间或以防御姿态（三点防）接近对手等行为，应被视为违反条例，可合议后判犯规。

（二）在比赛期间发生近距离接触，选手需积极地做出攻击技。如果双方都无法做出攻击技时而形成对锷，双方就必须迅速地分开，而不是等待裁判来宣告分开。

（三）对锷竞争在3s内可做退击招式，超过5s需分开。

（四）对锷超过5s时，主裁判员要判断谁不分开，可合议后判犯规。如果双方都不分开，可经由合议后由主裁判员判双方犯规。

（五）对锷频次过高做不正确退击是不可以的，应指导正确对锷而杜绝逆对锷。选

手逆对锷或不正当对锷时，可合议后判犯规。

（六）对锷后要迅速分开，要保持中心线防御退后，退到剑尖无法接触的距离，上段对锷分开后才可举上段。

（七）在场边对锷时，因分开有争议时，裁判可举暂停旗回到原位。

二、裁判员注意事项

（一）裁判员的共识：有效打击的共识，犯规时机的判定。

（二）裁判员的仪态：服装整齐，精神饱满，口令清晰，声音洪亮。食指压住裁判旗，立姿端正，脚跟并拢，移位迅速，不可慌张。

（三）裁判员的位置：主裁判员位于两位选手中间，另外两位裁判员移动时应注意呈等腰三角形，裁判间的距离须在视线内，站立时距离边线1m。

（四）裁判员的赛前：主裁判员应注意计时员是否准备好，双方竹剑是否有瑕疵、是否合格，另外两位裁判员应注意双方红白带是否系上或有无系错。

（五）裁判员的任务：除熟悉比赛规则外，更要了解执行要领，裁判员应随选手比赛时移位，比赛中有任何一位裁判员举旗，其他两位须马上回应，确定红白方后再举旗，且要看着选手回到原位。

（六）裁判员的赛后：比赛结束后在场边敬礼，入休息区就不要再讨论赛事，如需暂离时应告诉组长，组长暂离时需有代理人。

（七）裁判员的精神：公正无私，冷静果断，身体健康。裁判员应常参加讲习且熟悉规则，经验丰富，反应迅速。

三、裁判员执裁过程

（一）裁判员进退场时右手持裁判旗，主裁判员在中央，同时移动交换。

（二）裁判员在第一场比赛及决赛开始与结束时，需正面行礼。开始与结束时两位裁判员需走直线就位，交换时走三角移位。

（三）裁判员举旗回到原位时，视线不可离开选手，避免意外发生。

（四）裁判员合议时距离约三步，合议后由主裁判员宣判。

（五）裁判员有异议或改判时，先终止比赛再合议，合议后由主裁判员判定。

（六）比赛者请求停止比赛时，主裁判员立即停止比赛并质问停止的理由，请求停止理由不成立时，可经由合议后由主裁判员判犯规。

（七）裁判员举旗有效打击时，如有两位同意即可宣判，不需合议。

（八）裁判员在以下情况时，宣告停止比赛：

1. 犯规之事实；
2. 负伤或事故；
3. 防止危险；
4. 不能使用竹剑时；
5. 异议提出时；
6. 合议。

（九）比赛选手击中对方后未做出残心或残心不完整，皆可取消有效打击。

（十）裁判员只有一人举旗，其他二人做无效回应时，若比赛还在进行中，选手不可放松，如有摸剑或犯规动作时，可合议后判犯规。

（十一）裁判员要预测选手的移位，要站到有效的视角。

（十二）比赛进行中因选手位置移动很快，由主裁判员主导另一位裁判员临时代理主裁判员位置，选手移动开后，裁判员即回到原位。

（十三）比赛选手在互击后的有效打击是裁判员判定的难点，应根据裁判经验做出判罚。

四、裁判旗指示要领

表 7.4.1 所示为裁判员的宣告语与裁判旗的表示方法。

表 7.4.1　裁判员的宣告语与裁判旗的表示方法

判定	事项	宣告语（国际剑道联盟标准用语）	裁判旗表示方法	图示
开始、中止	开始比赛时	HAJIME	两旗在身体两侧	图 7.4.1
	重新开始比赛时	HAJIME	两旗在身体两侧	图 7.4.1
	中止比赛时	YAME	将两旗竖直上举	图 7.4.6
有效打击	判定有效打击时	MEN/KOTE/DO/TSUKI ARI	举旗在身体侧面斜上方	图 7.4.2
	不认定有效打击时		将两旗在身体前面下方交叉摆动	图 7.4.3
	弃权时		将两旗在身体前面下方相交不动	图 7.4.4
	取消有效打击时	TORIKESHI	将两旗在身体前面下方交叉摆动	图 7.4.3
	开始"第2分"时	NIHONME	将上举的旗子挥下	图 7.4.2
	双方各得一分，再开始比赛时	SHOBU	将上举的旗子挥下	图 7.4.2

续表

判定	事项	宣告语（国际剑道联盟标准用语）	裁判旗表示方法	图示
胜败的决定	决出胜负时	SHOBU ARI	将上举的旗子挥下	图 7.4.2
	延长比赛时	ENCHO HAJIME	两旗在身体两侧	图 7.4.1
	得一分而胜时	SHOBU ARI	举旗在身体侧面斜上方	图 7.4.2
	宣布判定时	HANTEI	举旗在身体侧面斜上方	图 7.4.2
	"判定"为胜时	SHOBU ARI	将上举的旗子挥下	图 7.4.2
	不战而胜时	SHOBU ARI	举旗在身体侧面斜上方	图 7.4.2
	没有胜负时	HIKIWAKE	将两旗在身体前面上方相交不动	图 7.4.5
	不能继续比赛时	SHOBU ARI	举旗在身体侧面斜上方	图 7.4.2
	由抽签决定胜负时	SHOBU ARI	举旗在身体侧面斜上方	图 7.4.2
	代表比赛开始时	HAJIME	两旗在身体两侧	图 7.4.1
合议	裁判员合议时	GOGI	将两旗用右手竖直上举	图 7.4.8
	合议的结果		主裁判员用旗子表示	
犯规	使用药物时	SHOBU ARI	举旗在身体侧面斜上方	图 7.4.2
	有失礼的言行时	SHOBU ARI	举旗在身体侧面斜上方	图 7.4.2
	使用违规用具时	SHOBU ARI	举旗在身体侧面斜上方	图 7.4.2
	故意用脚绊倒对手时	HANSOKU（次数）– KAI	举旗在身体侧面斜下方＊用手指表示犯规的次数	图 7.4.9
	将对手不正当地推出场外时	HANSOKU（次数）– KAI	举旗在身体侧面斜下方＊用手指表示犯规的次数	图 7.4.9
	比赛中自己走出场外时	HANSOKU（次数）– KAI	举旗在身体侧面斜下方＊用手指表示犯规的次数	图 7.4.9
	自己的竹刀掉落时	HANSOKU（次数）– KAI	举旗在身体侧面斜下方＊用手指表示犯规的次数	图 7.4.9
	不当地申请比赛中断时	HANSOKU（次数）– KAI	举旗在身体侧面斜下方＊用手指表示犯规的次数	图 7.4.9
	双方同时犯规时	HANSOKU（次数）– KAI	将两旗举在身体侧面斜下方	图 7.4.10
	其他违反本规则的行为时	HANSOKU（次数）– KAI	举旗在身体侧面斜下方＊用手指表示犯规的次数	图 7.4.9
	犯规两次时	先用手指表示 HANSOKU NI – KAI 然后 YIPPON ARI	举旗在身体侧面斜上方	图 7.4.2
	取消双方犯规时	SOUSAI/两次以后 ONA-JIKU SOUSAI	将两旗在身体前面下方交叉摆动	图 7.4.3

续表

判定	事项	宣告语（国际剑道联盟标准用语）	裁判旗表示方法	图示
分开	竹刀护手相交陷入胶着状态时	WAKARE	将两旗平举在正前方	图 7.4.7
	继续比赛时	HAJIME	将平举的旗子挥下	图 7.4.7
	负伤/事故/弃权等情况不能继续比赛时	SHOBU ARI	举旗在身体侧面斜上方	图 7.4.2

裁判旗表示方法如图 7.4.1 至图 7.4.10 所示。

图 7.4.1　开始、重新开始、中止
（两旗在身体两侧）

图 7.4.2　判定有效打击、判定、胜负
（举旗在身体侧面斜上方）

图 7.4.3　取消有效打击、取消双方犯规
（将两旗在身体前面下方交叉摆动）

图 7.4.4　有效打击的判定、表示弃权
（将两旗在身体前面下方相交不动）

图 7.4.5　没有胜负
（将两旗在身体前面上方相交不动）

图 7.4.6　中止比赛
（将两旗竖直上举）

图 7.4.7　原地分开
（将两旗平举在正前方）

图 7.4.8　合议
（将两旗用右手竖直上举）

图 7.4.9　一方犯规
（举旗在身体侧面斜下方）

图 7.4.10　双方同时犯规
（将两旗举在身体侧面斜下方）

▶ **复习思考题**

1. 简述剑道竞赛中的礼仪规则。
2. 简述剑道有效打击的条件。
3. 简述剑道比赛中相关处罚规定。

第八章 剑道科学研究

> **本章提要**

本章介绍了剑道科学研究的意义、方法。主要从国外研究现状和国内研究现状两个方面介绍当前剑道科学研究的具体内容,帮助学生了解前沿的剑道科学研究现状,完成一般的剑道领域研究。

第一节 剑道科学研究的意义及方法

一、剑道科学研究的意义

体育科学研究是人们研究体育现象、揭示体育内部和外部规律的一种创造性实践活动,它是人类科学研究活动的重要组成部分。体育科学研究是随着体育运动的发展而展开的,随着人文社会科学、生理学、心理学等学科的发展,自然科学逐渐向体育科学研究领域渗透,我国的体育科学研究正处于一个前所未有的快速发展时期。

武道是日本诸武技的统称,形成了徒手、短兵、长兵、远兵的四维整体。徒手技艺为世人所熟知的柔道、空手道、相扑;短兵技艺为剑道、杖道、居合、刺枪术;长兵技艺为薙刀、长枪;远兵技艺有弓道等。其中,剑道广泛应用在日本军警系统和社会治安领域,并以身心皆修的完善体系在世界范围内获得稳定发展。自1952年10月,全日本剑道联盟成立以来,世界各地热爱剑道的外国人数量逐年增加。1970年,成立了国际剑道联合会(IKF,即后来的FIK),第1届世界剑道锦标赛在日本武道馆举行。

2018年9月，第17届世界剑道锦标赛在韩国仁川举行，来自56个国家和地区的运动员参加。2024年7月，第19届世界剑道锦标赛定于意大利米兰举行。日本剑道在国际赛场上日渐风靡，在此背景下，对日本剑道进行系统研究具有重要意义。

从剑道本土化发展角度看，中国剑道运动刚刚起步，国际剑道比赛成绩并不理想，对日本剑道进行科学研究，了解最前沿的剑道研究成果，有助于把握先进的剑道技战术，促进中国剑道运动的发展，提高中国的剑道竞技水平。

从中国武术发展来看，当前中国武术存在竞赛套路异化、散打文化缺失、短兵推广受阻等问题，但从中国武术纵向的历史研究中很难看出当前中国武术的明确现状。日本剑道与中国武术渊源极深，将具有共性文化基础的日本剑道作为"他山之石"，总结探究日本剑道发展模式的优劣，在对比中可以更好地分析当前中国武术的位置与状态，对完善中国传统体育发展体系，促进中国武术的国际传播有深远意义。

从体育学科发展看，日本剑道在传统体育发展研究中具有代表性、典型性，观察研究日本剑道的国际发展趋势，以小见大，由局部及整体，借以洞悉世界传统体育发展的走向，拓宽体育学科研究视角，开辟体育学科研究新思路。

二、剑道科学研究的方法

体育科学研究方法是指人们为了科学地认识和揭示体育运动发展的客观规律而采用的手段、途径、工具和方式的总称。剑道因其特殊的人文特性与运动特点，其研究方法主要包括文献法、调查法、观察法、实验法等。

（一）文献法

文献法是指收集、鉴别、整理文献，并通过对文献的研究形成对事实的科学认识的方法。它是最基础、用途最广泛的收集资料的方法，也是一种古老、独特、专门的研究方法。剑道科学研究中的文献法是指对有关剑道文献进行检索、收集、整理、分析并利用的科学研究方法。在剑道科学研究的过程中，文献资料占有十分重要的位置。因为剑道历史深远，文字资料丰富，只有通过阅读文献才能看清剑道的历史发展脉络。剑道技术在不断革新和发展，科学研究不仅要了解前人已经取得的成果，还需要了解最新的剑道科研动态和发展。进行剑道研究，要了解与剑道有关的背景资料；在研究过程中，需要及时了解与剑道研究有关的进展情况；而在对研究结果进行分析时，还需要用文献资料来充实论据。因此，文献法不仅是一种收集资料的方法，也是一种分析研究的方法。

(二) 调查法

调查研究是社会研究中一种最常用的研究方法。调查法是指调查者根据研究目的，有意识地以直接或间接的方式了解研究所需的相关信息与资料，并以此为依据阐释社会现象、描述研究现状或检验、验证有关研究假设的一种科学研究方法。剑道的技战术特征及技理阐释需要剑道专业运动员的解读，通常采用问卷调查法、访谈法和专家调查法等方法进行剑道信息的汇集、归纳并结合实践资料和最新技术成果进行科学研究。

(三) 观察法

观察法是指研究者有目的、有计划地通过感官及借助仪器，对处于自然状态下的客观事物或社会现象进行感知并进行系统的考察和描述，从而获取经验事实的一种科学研究方法。

在剑道科学研究中，观察法是一种最基本、最常用的科学方法，在进行调查、实验、个案研究时，都要进行观察。在剑道科学研究中，观察法多用于比赛技术统计的应用，运用具体数据反映剑道比赛技战术各方面、各环节及作为体系的各个组织部分之间的数量关系和特征。剑道运动技战术配合的基础是打击的速度和力量，但剑道运动其速度和力量难以依靠肉眼直接观察比较，随着科学技术的发展，观察方法从肉眼直接观察发展到了以使用仪器设备进行间接观察为主，剑道科学研究也得以更加精准。

(四) 实验法

实验法是指研究者按照研究目的，充分地控制实验的环境，创设一定的实验条件，科学地选择实验对象，以确立自变量与因变量（反应变量）之间的因果关系的一种研究方法。在剑道科学研究中，实验法应用广泛，如剑道技战术的提升需要立足于精巧的实验设计和精密的实验操作对影响技战术的因素进行分析，而实验法是一种验证变量间因果关系假设的最好方法。实验法按照不同标准，可分为不同类型。按照实验环境不同，可分为实验室实验法和现场实验法；从科学研究角度可以分为定性实验法与定量实验法；根据研究问题性质，可分为基础研究实验法与应用研究实验法；按照组织形式不同，可分为单组实验法、对照组实验法和多组实验法。

第二节 国外剑道研究概述

一、剑道国际化传播研究

剑道是日本传统武道之一，其文化悠久，技理丰富。笆森顺造著的《剑道》以及中骞直二著的《日本剑道》，从文化和技术方面阐释剑道，可以较为全面地了解剑道。新渡户稻造所写的《武士道》一书中，认为武士道指武士的本分，是剑道的思想，同时也是指日本武士在其职责上及日常生活中，必须遵守的道德原则之规章。新渡户稻造认为禅宗对剑道练习者，能够起到清心寡欲的作用，提倡"本心、清净"。书中讲到，武士道的漫长发展过程中不仅仅吸收了大量的禅宗思想，同时也借鉴了中国的禅宗主张。例如，提倡克己忍受、不事浮华、排除杂念、摒弃欲望等，这有利于加快武士自身的修养及行为规范，以至于形成了现如今的武士人生哲学。

剑道自1964年10月在东京奥运会上与弓道、相扑一同进行了表演，便一直谋求在国际上的普及。吉木佑太研究发现，全球习练剑道的人群虽遍布各大洲，但相比柔道运动，剑道的影响力不及其一半。剑道的"语言化"障碍、主观评价的"裁判员问题"凸显、竞技人口少、知名度低是剑道推广的制约因素，但究其根本，制约剑道举办大型赛事、国际化推广的主要原因是日本剑道注重人格塑造、礼仪培养的本质思想与胜利至上的奥运会理念相背离。

基于目前日本剑道国际化推广存在的问题，日本学者也积极搜寻方法，探究促进剑道国际化推广的策略。本多壮太郎《剑道国际化过程中比赛裁判问题研究》（2007）、寒川恒夫《关于武道的国际传播：对武道的期望》（2011）等研究对武道的不同项目进行剖析，提出了在不同阶段武道国际化发展的问题，并提出了相应的对策，构建了完整的国际化发展模式，从社会、教育、文化、经济等不同层面分析了武道国际化发展的路径与模式。同时，足立贤二《用于外交和国际交流领域的当代日本武道考察》（2017）、大石纯子《剑道在国际发展中的现状和潜力》（2016）等研究指出全日本剑道联盟对海外普及的基本方针是"带有日本文化的剑道"，提出在适合他国国情推广的时，不可改变武道本源文化，突出文化是最主要的传播内容。

日本剑道发展过程中坚守文化本位，结合他国国情走出去的国际化推广模式取得显著效果。截至2015年5月，国际剑道联盟的成员国有57个国家和地区。1970年国际剑道联盟成立之初，成员国只有17个，从这点来看，国际化普及稳步进行着。根据国际剑道联盟的官方网站,这些成员国和地区包括亚洲、欧洲、美洲、非洲、大洋洲等 5 个地区。其中,在同为东亚的中国和韩国,习练剑道人数最为可观。在长期的发展中,日本剑道在他国落地生根,逐渐演变,自成一派。王开文在《韩国剑道综》研究中提到,1968 年韩国首家"韩国佛教曹溪宗,剑道护法总馆"在汉城正式宣告成立。剑道走进韩国生活体育,开始受到大众的瞩目,使用击剑名称的团体像雨后竹笋一样日益增多。20 世纪 70 年代初,剑道逐渐在韩国的部队及其校园中开展起来。韩国李仁熙的《韩国剑道的现状与存在的问题研究》发现国内(韩国)的学校剑道分布的地区集中在首尔和京畿道以及一些比较大的城市里,国内(韩国)剑道设施存在以专业为中心和社会体育设施并行的特征,专业设施与社会体育设施并没有明显的界线划分。存在这种现象的原因可能是韩国剑道的专业技术人员缺乏。李仁熙认为剑道是离不开竞争性的,这是剑道与其他竞技运动的相同之处。剑道的特色之处在于通过竞争性比赛和练习的过程给参与习练的人们提供了一个锻炼自身修养和精神的机会。现代的剑道正向着科学的、合理的方向发展。金钟贤(2002)所研究出来的结果是女生在修炼剑道过程中集中程度比男生高,年龄越大对剑道的评价越高。这说明了剑道是一个很好的生活体育活动,因此要在大众中广泛宣传。崔宗三、金永学的《通过韩国剑道实际状况的方向性讨论》通过对剑道现状、剑道的方向性等方面的研究,认为韩国剑道有着悠久的传统,但作为竞技的剑道也是不能完全摆脱日本剑道的竞技性。研究认为,剑道比起其他体育项目的比赛,进行得并不好,这些是韩国没有保护好本国剑道或没有形成本国化的过失。岩本贵光(2014)对南美洲的剑道现状进行研究,以厄瓜多尔的基多、昆卡两个城市为中心,开展正确传播日本传统文化剑道的活动。研究发现,当地的剑士在接受技艺的同时重视剑道礼仪,完整地保留了日本剑道文化,致力于剑道的修炼。岩本贵光在剑道普及过程中以向少年为中心传达剑道的乐趣,着力于解决踩踏地板的疼痛问题、重视基本功练习的问题、放松练习的重要性问题,强调习练剑道对人格塑造的作用。

二、剑道技战术分析研究

剑道在打斗中讲究快、准、狠,注重一击必杀,达到克敌制胜的目的。运动员反应速度的快慢在很大程度上决定了剑道比赛的胜负,日本学者对剑道运动的反应速度的影响因素进行了许多实验研究,取得阶段性的成果。

松崎健四郎(2012)等认为,剑道比赛中要求的反应不仅包括快速反应,还包括成功完成反应动作的高度准确性。选手在完成自己技法的同时,还要阻止对手的技法,选手的反应策略选择,可能会导致技法的差异。他通过模拟剑道比赛的实际场景,并进行打面和打小手的选择反应任务。结果显示,高水平组的反应时间(指与击打直接相关的反应）明显短于低水平组，高水平组的过早反应和错误反应明显较少，而低水平组的过早反应和错误反应较多。其原因是竞技水平较高的剑道选手能够通过缩短全身反应时间来快速做出反应，且他们的反应策略使他们能够快速而准确地做出反应，而不是简单地快速做出反应。另一方面，较低水平的剑道选手很难做出剑道比赛所需的快速反应，而且也没有足够的策略来做出准确的反应选择。因此，过早反应导致的动作修正、经验知识匮乏都可能是无法做出有效预测的影响因素。

岸本卓也对24名女性剑道选手正面击打动作的特点进行分析，通过高速摄像机记录并提取了所有受试者的反应时间、运动时间、脚离地时间和开始挥剑时间。所有受试者的反应时间和动作时间之间都存在明显的相关性。反应时间最快的剑道运动员的初始动作是膝关节屈曲、右脚和左脚开始摆动的时间和松开的时间也较早。此外，脚离地时间与开始挥剑的时间之间也有明显的相关性。从这些结果中可以看出，女性剑道选手在正面击打动作中具有反应速度快的特点，表明上下肢动作的协调是在短时间内完成正面击打动作的重要技能。

奥村基生等让剑道攻击者以正常动作和佯攻动作从近距离和远距离进行攻击，防守者则进行防守，以此来分析攻击者攻击的成功率以及剑尖的位移和速度。研究发现，一方面，佯攻动作的攻击成功率高于正常动作，且佯攻动作的成功率不随距离的变化而变化，而正常动作的成功率在距离较远时较低。得出关节的弯曲角度和可以移动的距离增加了佯攻动作打击的速度的结论，但另一方面，从竹剑动作开始到打击结束，佯攻动作的整体攻击时间比正常动作要长，这个结果可能意味着在进行假动作时被对手反击的机会更大。

周藤和树、中谷敏昭等在《大学剑道选手的打击反应时间与拉伸缩短周期能力之间的关系》中谈到，在剑道和空手道等竞技运动中，必须在对手发起攻击或防御之前迅速发起攻击，因此，运动员的打击反应时间与下肢缩短周期能力可能存在相关性。但研究结果与假设相悖，主力运动员与非主力运动员在各种打击的简单反应时间和选择反应时间上没有差异，这可能是运动员下肢能力相近的原因。

安住文子、北村胜朗在《剑道高手如何"解读"对手的动作？对竞技中读取结构的定性分析》中对出色的剑道八段选手进行二对一的半结构式、开放式的深度访谈，总结了剑道大师的系统经验。剑道大师通过"确定对手的整体""先于对手展示动作""建立联动动作""引诱攻击""创造必然性"和"身体的自然反应"这六个小类，又归纳为"识别对手""识别自己和他人的动作"和"发动攻击"三要素展现出卓越的实战阅读能力，在攻击中识别对手、预测动作并引导对手和自己之间的动作流程，从而达到快速反应、击败对手的目的。

田畑泉等在《剑道的高强度、短时间、间歇性训练：通过拍打式练习增加最大摄氧量》中研究发现，HIITK 提高了男性和女性大学剑道运动员的有氧体能。训练组的 VO2max 显著升高（训练前：50.9 ± 8.4ml/kg/min，训练后：54.1 ± 8.0ml/kg/min，$p<0.05$），而对照组无明显变化（训练前：51.8 ± 3.9ml/kg/min，训练后：52.6 ± 3.6ml/kg/min）。女性剑道运动员训练后的 VO2max 也显著升高（训练前：42.1 ± 2.9ml/kg/min，训练后：48.3 ± 2.2ml/kg/min，$p<0.001$）。

浦部隼希对比赛中的判罚问题进行深入思考，针对剑道比赛中裁判判定有效击打的标准——"用竹剑的打击部分正确击打"等剑道裁判规则中的描述，提出引入视频判定的新比赛形式，通过视频检查裁判是否正确识别了有效击打位置，以解决有关有效击打判定的各种裁判问题。

以上大量研究，通过科学实验与测量对影响剑道技战术配合的因素进行规律性总结，以提高选手的反应速度、有氧能力等身体素质，促使竞技运动员不断更新技战术，寻找克敌制胜的方法，进一步构建新型的剑道技战术竞赛体系。

三、剑道运动损伤预防研究

剑道是一项高强度运动，若没有做好正确且充分的准备活动，在运动过程中容易出现肌肉拉伤、跟腱断裂等损伤。剑道通过快速反应积极打击得分，其对头部、腕部、腰部造成很大冲击力，已有研究表明，剑道中打击面的技术对头部产生的冲击力会损害练习者的听力。加藤榮司在 1992 年至 2010 年期间对年龄在 15 至 18 岁之间的 228 名少年进行听力检查（140 名男生和 88 名女生），纯音测听结果显示，45 名学生中有 69 只耳（19.7%）患有感音神经性听力损失，其中 2 000Hz 的阈值偏移最大，其次是 4 000Hz。经常出现的听力模式包括 2 000Hz 阈值下降、4 000Hz 阈值下降以及 2 000Hz 和 4 000Hz 的合并损失。这表明早期听力变化是由剑道练习时的噪音或头部撞击造成的暂时或永久性阈值偏移引起的。剑道运动中对听力的刺激难以避免，但只要多注意保护，也能避免听力损伤。

加藤榮司在 18 年的研究期间，每年都对受试者的听力检查，并就剑道对内耳功能可能产生的不利影响对学生进行了辅导，使得剑道俱乐部成员中此类异常听力的发生率在逐年下降。

为减轻及防止运动过程中竹剑造成的误伤，剑道运动过程中需要穿戴繁重的护具，在闷热环境中长时间进行剑道运动可能会出现中暑等情况。藤田英二等让 8 名剑道运动员穿着剑道服，比较穿戴剑道面罩及不穿戴面罩情况下全力进行脚踏车运动时，人体深部体温及爆发力的差异。结果表明，戴口罩和面罩会导致在运动之间的休息期间深层体温升高，而在休息后的运动中则会导致爆发力下降。这些结果提示，在高温潮湿的环境中，剑道训练时戴口罩和面罩可能会增加中暑的风险，从而影响训练质量。

综上，剑道运动过程中，需要进行正确且充分的准备活动，遵循运动适量的原则，尽量避免运动损伤。

第三节　国内剑道研究概述

剑道运动历史悠久，而中日武术的渊源更深。马明达著《说剑丛稿》中，对历史上中、日、朝剑刀武艺交流进行考证研究，其密切交流对探究中国剑术与日本武道的历史渊源有重要意义。聂啸虎的《日本剑道的历史演进过程》中认为，由于历史因素和资料缺失，日本剑道发展史难以细究，但在日本古代发展史中，当日本开始使用"太刀"这种与中国剑相似的武器时，剑道已经发展起来了。但不置可否的是，相比"太刀"时期，日本剑道已经发生了巨大改变。聂啸虎在《日本剑道的历史演进过程》中写道：日本剑道界有识之士指出，即使年轻人登上了冠军宝座也只能算初入其境，这是由他们的年龄所决定的。一位剑士只有上了年纪，他才会懂得剑道的重要性在于：尽可能省略徒劳无益的动作，让身体架式保持端庄稳定，让内心保持平静，同时表现出对对手的尊重，并且存思古之幽情于五内，以求道的态度对待一切，从剑道的演练中寻得某种出神入化的体验。可见日本剑道的演变，不仅是技术的变化，而且也是文化的演变，所以说如果某种传统文化被生吞活剥后接纳，其结果只能是快速灭亡。

随着时代发展和人民生活水平的不断提高，剑道的独特魅力和丰富内涵得以传播，剑道运动得到不断普及和发展，它被称为世界上仅次于高尔夫的绅士运动。

白长明、白鲁冰的《现代剑道》一书是国内较有代表性的剑道著作，它对于剑道的技术动作的基本姿势、基本步法、基本技巧有详尽系统的论述，对于剑道的基本原理的距离、时间、呼吸、着眼等介绍也比较全面，而对于剑道技术动作如何有助于人民群众的身心健康和剑道的套路动作并未提及。这也说明了国内对剑道的系统认识不足，剑道技理、训练方法的整理研究亟需发展。

一、日本剑道与中国剑术对比研究

中国毗邻日本，剑道运动在中国的传播态势大好。中日两国地缘接近、交往密切，且日本剑道与中国武术的渊源极深，引发国内学者对中日武术（武道）的对比研究。

陈永军（2001）在《试论日本"剑道"与禅宗》中，从日本剑道的含义出发，详细阐明了剑道与剑术、心术之间的关系，文章论述日本剑道在思想上有深刻的儒家文化以及日本自身的民族精神和禅宗思想。武道是剑道的核心，日本剑道起源于中国，它自身想改变中国文化影响，但是剑道的技术动作及文化内涵却改变不了中国传统文化的元素，儒家思想与技击格斗训练是指导日本剑道发展的动力。日本剑道的"道"思想在日本特殊的国情中得到不断升华，成为磨炼意志、锻炼心智的一种练习手段，刚毅、勇敢的精神是习练剑道带给人们的直观感受。张艳芳（2013）在《中国剑术与日本剑道发展史比较研究》中利用"剑"回顾中日历史、武术史及文化史的演变，中国剑术由兴到衰的一个演变，日本剑道由汲取中国剑术的营养到当今在国内外如火如荼的开展，繁荣的原因值得我们思考和学习。中国剑术从古代开始就重视表演功能，目的为娱乐身心，而日本剑道重实战，追求克敌制胜，提高人的品性。中日两国剑术追求上的差异也使中日剑术现代化转型之路大相径庭，而适应时代改造是发展中国剑术的必由之路。何兆国（2013）从历史渊源、发展现状、技术动作分析、文化内涵四个方面进行比较，研究发现中国剑术与日本剑道有着不可分割的历史渊源，也在技术特征、习练人群、文化内涵方面存在些许差别，这也成为制约日本剑道在中国发展传播的重要因素。杨帅（2020）研究认为，中日地缘相近，中国武术与日本剑道文化传承与传播途径相近，主要经历了家族传承、师徒传承、地缘传承、业缘传承、宗教传承、艺术传承、军事传承和文化传承8个途径，统治阶级的决策在很大程度上决定了运动文化的发展方向。石文昭、袁镇澜在《中日剑术比较》中认为，对剑道的理解应从"道"的角度出发。"道"谓之思想，日本剑道中的思想融入了禅的哲学思想和部分儒家思想，目的在于培养剑士的思想道德。赵建波等在《中日韩剑术（道）文化特征研究》与《中日韩剑术（道）技术特征研究》中发现，中日韩三国剑文化深受儒家、道教、佛教文化影响，促成剑礼和剑理的形成。相比日韩两国，中国剑术在发展过程中存继承不足、发展有余的问题。中国剑术在由"击"到"舞"的西方操化异变发展和在形式、内容、功能价值的嬗变中，丢失剑术文化本味。研究指出，剑术的发展应以打、练技术有机结合，借鉴和吸取日韩剑道实战发展模式，兼顾演练与技击内涵，科学合理地借用成熟的武术段位制为推广模式，贯彻和渗透浓厚的武术文化特色，实现中国剑术"文化""技击""健身"功能的统一。

二、日本剑道与中国短兵对比研究

日本的剑道项目、西方现代奥运击剑项目、中国的短兵项目共同组成了世界器械类搏斗项目体系。日本剑道汲取中国传统文化营养，结合本民族特色，得到世界剑道爱好者的青睐，西方击剑搭上现代奥运会这辆快车，作为奥运会比赛项目，其影响与价值不言而喻。相较之下，中国短兵的发展停滞不前。国内学者聚焦日本剑道研究，从历史起源、发展现状、技法分析等方面进行对比研究，以期探寻中国短兵发展可行性路径。霍羿伶等在《中国短兵与日本剑道竞赛规则比较研究》中指出，剑道的竞赛规则简洁、裁判人员精简，有利于节省比赛时间，更易开展比赛。相比日本剑道，中国短兵的防具缺少美观性，短兵礼仪繁琐，且起步较晚，不利于短兵运动推广。日本剑道源于中国，精于日本，与中国短兵同根同源，梳理日本剑道的发展历程、技术特征、竞赛规则等要素，对发展中国短兵事业有重要意义。戴小平在《武术短兵与击剑、剑道项目特色之比较研究》中认为，西方击剑、日本剑道的项目特色是项目立足的根本，中国短兵的发展需要在统一规则、打法、护具、兵器的基础上发挥短兵在技法、规则上的特色，将多样性作为推广武术短兵运动的重点，这不仅反映了中华武术多样性的特色，也凸显了与国外短兵运动的不同性。黄鹤等（2007）从兴起时间、模式演变、习练群体、器械护具、开展与发展的状况几个维度，对比近代中国短兵与日本剑道发展的主要特点，发现近代中国短兵形式内容单一，发展模式仅停留在国内，而日本剑道是以全球推广作为推广的主要目标，在发展中不断探索，从技术风格、演练方式等方面增加项目的丰富性，逐渐把剑道向世界推广。马健等（2014）提出中国、日本、西方短兵器技术在民族风格上存在着巨大的差异，发展历史背景及历史形态的不同，使得器械类搏斗项目在各自发展的领域各有不同，但项目发展的优势与长处一直保留至今。中国短兵、日本剑道、击剑三者项目应相互汲取营养，尤其是中国短兵项目，在三者对比中找寻自身发展弊端，寻求发展途径。谭腾飞等（2017）从人类功能学派理论视角下对中国短兵、日本剑道、击剑进行对比，并从精神、文化、器物等多方面进行分析，探寻中国短兵现存的问题，找寻中国短兵发展出路，解决中国短兵现今发展的困境所在。

三、日本剑道与中国武术国际推广模式对比研究

中日两国同样注重民族传统体育的国际推广，中国相对日本发展滞后，体现在武术（武道）进入校园、进入奥运会、强化法制管理等方面；其发展模式在受众、媒介、内容等方面也体现了不同差异。在此背景下，对日本武术（武道）的国际推广模式研究为中国武术的国际推广，推进"体育强国"、"文化强国"建设有启发性作用。郭玉成的《武术传播引论》（北京体育大学出版社，2006）、李英杰等的《新时期武术国际化传播的理论思考》（2010）、虞定海等的《批判与重建：武术国际化传播反思》（2014））等从理论层面对武术的国际推广进行了深入分析，武术国际推广是对武术信息传播活动及其规律的研究，武术国际传播不同于新闻传播，尤其对武术的技术传播方式、路径和效应进行了深入解读和阐释。王尧的《国际格斗类项目发展现状对推广武术国际化发展之研究》、王宇新等的《日本"武技"国际化传播的经验及启示》（2017）中，从理论层面对日本武道国际化发展进行了深入分析，研究认为：日本武道的形成发展与其历史因素有关，其"岛国思想"影响了武道的产生和发展，武道的国

际推广潜移默化地根植于日本公民生活的方方面面，形成了独特的国际推广模式。陈波等的《跨文化视阈下武术的国际化传播机制——从孔子学院模式谈起》（2014）、周玉芳的《孔子学院传播武术太极路径探索》（2015）、潘东的《日本武道对中国武术近代化转型的影响》、王宇新等的《日本"武技"国际化传播的经验及启示》（2017），这些论著是从武术国际化传播内容、传播组织、传播者、传播对象等方面进行研究，认为文化差异和国家综合实力是影响武术国际化传播差异的原因，同时阐述了日本武道在转型中恰当地扬弃了其技击传统，突出传统文化的重要性，在比较学视域下对当代武术发展渴求技击回归的现实进行了审视和呼吁。宋相会等的《日本武道教育对中国武术教育的启示》（2018）、陈曦的《中国武术与日本空手道在挪威卑尔根发展现状的对比研究》（2018），这些论著均对日本武道和中国武术国际推广进行对比，主要从文化学、传播学、教育学、社会学等方面进行了比较，得出在以上几个方面两国均已从自身国情出发，出现的差异体现在制度的具体化、标准化、推广化的差异，这些差异导致了中国武术国际推广的滞后。剑道的国际化推广效益显著，在中日两国的影响力颇深，并引发中日两国对剑道及本国武术（武道）发展的新思考。我们要立足于本国国情，坚守本国传统文化，重拾传统文化精粹，以他者视角促进我国传统武术的健康发展。

复习思考题

1. 简述剑道科学研究的方法。
2. 简述剑道技战术分析的作用与意义。

主要参考文献

[1] 董子红，何端. 剑道. 日本修身健体的武技国粹［M］. 北京：北京体育大学出版社，1998.

[2] 袁镇澜. 日本剑道［M］. 北京：人民体育出版社，1993.

[3] 滝沢光三，市川彦太郎，佐藤成明，等. 幼少年剣道指導要領［M］. 日本：全日本剣道連盟. 1985.

[4] 佐藤成明，岡憲次郎，古田坦，等. 木刀による剣道基本技稽古法［M］. 日本：全日本剣道連盟. 2003.

[5] 網代忠宏，伊藤元明，角正武，等. 剣道社会体育教本 改訂版［M］. 日本：全日本剣道連盟，2005．8.

[6] 岡村忠典，佐藤義則，有田祐二，等. 剣道授業の展開［M］. 日本：全日本剣道連盟. 2009.

[7] 香田郡秀. 強くなる剣道入門［M］. 日本：成美堂出版，2004.

[8] 香田郡秀. 剣道練習メニュー200．［M］. 日本：株式会社池田書店，2012.

[9] 香田郡秀. よくわかる剣道審判法のすべて［M］. 日本：株式会社ベースボール・マガジン社，2016.

[10] 杉江正敏，大保木輝雄，酒井利信，等. 剣道の歴史［M］. 日本：全日本剣道連盟，2003.

[11] 灰谷由子. 剣道の国際化についての現状［J］. 日本：帯広大谷短期大学紀要，1980，（17）：30.

[12] 本多壮太郎. 剣道の国際化における試合審判の問題点に関する研究［J］. 日本：武道学研究，2007，（40）：36.

[13] 小林義雄. 剣道技術変遷史序説（そのⅢ）—用具の変遷との関連から（明治以降）—［J］. 日本：武道学研究，1986，19（2）：27－28.

［14］中村 充. 試合分析からみた剣道技術の推移［J］. 日本：武道学研究，2001，34（1）：35－42.

［15］巽申直. 技能別にみた剣道選手の試合における位置・移動特性：インターハイ選手を中心に［J］. 日本：武道学研究，2003，36（2）：25－33.

［16］周藤和樹，中谷敏昭. 大学剣道選手における打突動作反応時間と伸張－短縮サイクル能力との関係［J］. 日本：身体運動文化研究，2023，28（1）：1－9.

［17］安住文子，北村勝朗. 剣道熟達者はどのように相手の動きを「読む」のか？－対戦場面における読みの構造の質的分析－［J］. 日本：スポーツ産業学研究，2022，32（4）：421－431.

［18］軽米克尊，酒井利信. 近世剣術における価値観の変容に関する一考察－技術・戦術に着目して－［J］. 日本：身体運動文化研究，2021，26（1）：43－66.

［19］邓树勋，王健，乔德才，等. 运动生理学［M］. 3版. 北京：高等教育出版社，2015.

［20］田麦久. 运动训练学［M］. 2版. 北京：高等教育出版社，2017.

［21］钟秉枢. 教练学［M］. 北京：高等教育出版社. 2019.

［22］王国祥，王琳. 运动损伤与康复［M］. 北京：高等教育出版社. 2019.

［23］黄汉升. 体育科学研究方法［M］. 3版. 北京：高等教育出版社，2015.

［24］周春晖. 中国武术与日本武道现代化转型的比较研究［M］. 苏州：苏州大学出版社，2021.

［25］刘鑫宇. 武术短兵与剑道、击剑运动项目竞赛规则的对比研究［J］. 文体用品与科技，2022，12（12）：61－63.

［26］毛海燕. 中国短兵与日本剑道技术技法的对比研究［J］. 体育世界（学术版），2017，（12）：14－15.

［27］霍羿伶，郭凌宇，杜杰. 中国短兵与日本剑道竞赛规则比较研究［J］. 运动，2017，（03）：50－52.

［28］戴小平. 武术短兵与击剑、剑道项目特色之比较研究［J］. 武汉体育学院学报，2010，44（05）：71－74.

［29］杨帅. 中国剑术文化与日本剑道文化的传承及传播比较研究［D］. 西安：陕西师范大学，2019.

［30］陈莉. 中国短兵发展路径研究［D］. 成都：成都体育学院，2018.

［31］张艳芳. 中国剑术与日本剑道发展史比较研究［D］. 济南：山东师范大学，2013.

［32］杜杰. 中国武术与日本武道之比较研究［D］. 北京：北京体育大学，2013.

[33] 王开文. 韩国剑道综论［J］. 北京体育大学学报，2003（04）：455-457.

[34] 李辰，陈宜成. 武术短兵与剑道对比分析［J］. 中华武术（研究），2018，7（07）：26-29.

[35] 赵建波，武冬. 中日韩三国剑术（道）技术特征分析［J］. 北京体育大学学报，2017，40（07）：132-138.

[36] 冯香红，杨建营. 中华剑艺与欧洲击剑、日本剑道的现代转型史对比研究［J］. 成都体育学院学报，2023，49（01）：111-118.

[37] 赵建波，武冬，及化娟. 中日韩剑术（道）文化特征研究［J］. 沈阳体育学院学报，2017，36（02）：139-144.

[38] 毛海燕，蔡中. 中国短兵与日本剑道推广模式的对比研究［J］. 内江科技，2016，37（10）：81-82.